国家示范性高职建设教材·电子商

移动营销与运维

主编　罗晓东　吕军青

南京大学出版社

图书在版编目（CIP）数据

移动营销与运维/罗晓东，吕军青主编. —南京：南京大
学出版社，2015.11
ISBN 978 - 7 - 305 - 14680 - 0

Ⅰ. ①移… Ⅱ. ①罗… ②吕… Ⅲ. ①网络营销—
教材 Ⅳ. ①F713.36

中国版本图书馆 CIP 数据核字(2015)第 017190 号

出版发行 南京大学出版社
社　　址 南京市汉口路 22 号　　　邮　　编　210093
出 版 人 金鑫荣

书　　名 移动营销与运维
主　　编 罗晓东　吕军青
责任编辑 耿士祥　王抗战　　　编辑热线　025 - 83596997

照　　排 南京理工大学资产经营有限公司
印　　刷 宜兴市盛世文化印刷有限公司
开　　本 787×1092　1/16　印张 10　字数 235 千
版　　次 2015 年 11 月第 1 版　2015 年 11 月第 1 次印刷
ISBN 978 - 7 - 305 - 14680 - 0
定　　价 24.00 元

网　　址:http://www.njupco.com
官方微博:http://weibo.com/njupco
官方微信号:njupress
销售咨询热线:(025)83594756

前　言

近年来伴随因特网的迅猛发展,集互联网、移动终端、无线技术为一体的移动商务已对传统贸易方式形成巨大冲击,并将以其快捷、方便、高质高效的显著优势成为21世纪国际贸易的主要方式。移动商务作为一种移动互联的贸易方式,正在成为全球具有战略意义的贸易手段和信息交换的有效方式。数据显示2013年到2017年,全球将有超过70亿的移动终端,手机和其他家里可以看到的东西都能够实现互联。4G时代的开启以及移动终端设备的凸显为移动互联网的发展注入巨大的能量,移动电子商务成为了电子商务领域的一个新的增长点。移动电子商务的时代已经到来,围绕手机支付和创新服务的产业链将继续深入整合,金融服务商、电信运营商、第三方机构将进行更加密切的合作,移动互联网是对传统互联网的拓展和延伸,移动互联网技术应用于当前行业场景中提升管理效率、创造营销收入已经成为必然趋势。

移动电子商务作为一种新型的电子商务方式,利用了移动无线网络的优点,是对传统电子商务有益的补充,移动网络的开放性和移动终端的移动性给移动商务的发展和工作效率的提高带来了诸多优势。但安全问题仍是移动商务推广应用的瓶颈。特别是随着手机等相关移动终端功能的完善及云计算的广泛应用,移动终端的安全性、移动商务交易过程的安全性、移动商务交易信息及大量商业秘密的安全性都将面临日益严峻的安全威胁。因此,要在国际竞争中赢得优势,必须保证移动电子商务中信息交流的安全。

本教程与上海环鸣信息科技有限公司合作,依托移动商务实训室平台,在移动商务运维过程中介绍移动商务的基本内涵,包括移动商务的定义、特点、功能及其发展现状,以及未来的发展前景。然后从三方面着手,介绍了移动商务的运维、应用及营销,包括移动商务在运维过程中存在的问题,移动商务的定位服务、娱乐服务及金融服务,以及如何运用移动商务营销模式为企事业单位获得利益。

由于作者理论水平和实践经验有限,书中难免有不当和疏漏之处,望广大读者批评指正。

编　者

目　录

任务1 移动商务的认知

因特网（Internet）和移动通信技术的出现，打破了时间、地域的限制，改变了人们传统的生活、工作模式。移动电子商务（M-commerce）是通过移动通信技术与因特网有机结合所进行的电子商务活动。移动电子商务作为一种新型的电子商务方式，充分利用了移动无线网络的优点，是对传统电子商务的有益的补充，具有非常广阔的发展前景。

能力目标

1. 能够了解移动商务的基本概念，以及与传统电子商务的区别
2. 能够了解移动商务的分类及提供的服务种类
3. 能够了解移动商务的发展历程及发展现状
4. 能够了解移动商务未来的前景

知识内容

1. 移动商务的定义、特点、功能
2. 移动商务的分类及提供的基本服务
3. 移动商务发展的驱动因素、发展史及现状分析
4. 移动商务的发展趋势分析

1.1 移动商务的概念

一、涵义

（一）定义

移动商务就是利用手机、PDA及掌上电脑等无线终端进行的 B2B、B2C 或 C2C 的电子商务。它将因特网、移动通信技术、短距离通信技术及其他信息处理技术完美地结合，使人们可以在任何时间、任何地点进行各种商贸活动，实现随时随地、线上线下的购物与交易、在线电子支付以及各种交易活动、商务活动、金融活动和相关的综合服务活动等。

移动商务是移动通信、PC电脑与互联网三者融合的最新信息化成果。以商务管理应用软件产品竞争力第一的协达软件为例，其移动商务是指一种通过移动通信网络进行数据传输并且利用移动终端开展各种商业经营活动的新电子商务模式。移动商务是一类

商务活动参与主体可以在任何时间、任何地点实时获取和采集商业信息的电子商务模式，移动商务活动以应用移动通信技术和使用移动终端进行信息交互为特性。由于移动通信的实时性，移动商务的用户可以通过移动通信在第一时间准确地与对象进行沟通，与商务信息数据中心进行交互，使用户摆脱固定的设备和网络环境的束缚，最大限度地驰骋于自由的商务空间。

(二) 移动商务的模式

1. 新网互联模式：移动平台

今年，北京新网互联科技有限公司向媒体及公众发布了"企业 MO 计划"。简单来说，它是通过将互联网网站、短信平台、WAP 网站等企业互联网应用和无线互联技术有机地结合起来，使之成为一个企业在无线互联时代的信息沟通和电子商务的服务平台。虽然从诞生背景来看，它与"移动梦网"都是拇指经济下的产物，但这两者之间又有很大的不同，其最大的区别就在于"企业 MO 计划"是定位于企业用户的互联网以及无线互联的应用服务。而与阿里巴巴-英特尔模式所不同的是，新网互联的这套系统不需要手机制造商制造新的型号。这种"企业 MO 计划"系列产品包括了应用无线技术的传统企业网站服务，无线网址，无线传输通信协定网站，等等。从这些产品各自所具备的功能来看，"企业 MO 计划"相当于在企业与广大网民和移动终端用户之间建立了一座沟通桥梁。

在"分工合作，利益共享"的合作原则下，"企业 MO 计划"使运营商、应用方案提供商、本地化增值服务商、手机厂商、企业、用户等各方面，都能在移动商务和无线互联应用的推广和普及中获得更多的商业机会。其更大的意义还在于，从此形成了完整的新产业链和价值链。这条产业价值链所产生的经济价值和社会意义将是广泛而深远的。

2. 点网模式：游戏中广告渗透

最近，上海点网信息科技有限公司正在研发一款全新的网络游戏《星之岛》(Star Island)，计划的受众是 15 至 25 岁的女性玩家。在开发和操作方面，通常的网络游戏都是用 C++语言开发的，用户在进行游戏之前，都需要下载安装一个客户端软件，而这款游戏是基于 web，用 flash 技术开发的，玩家在游戏之前不需要下载和安装任何东西，只要在地址栏输入网址即可进入游戏。在网络营销方面，由于用 C++开发的客户端一开始就是做死的，一旦把广告做进游戏，就不能随意改变或者更换，而基于 web 的新网络游戏，可以根据需要随时插入或者更改广告，其灵活性不可同日而语。

3. 淘宝/易趣模式：圆小商人梦

现在有很多年轻人，尤其是女孩子，有一个梦想：拥有一家自己的小店。这家店不需要很大，装修得很温馨，卖她自己喜欢的商品，然后和买这些商品的人互相交朋友、交流。她会倾注很多的精力，不一定要赚大钱，只是想尝试实现自己的梦想，想自己做主。但是开店并不容易，甚至很痛苦，因为要选商铺，租金很贵，还要装修，时间、精力、金钱都难以承受。"易趣"和"淘宝"的出现，让这些"个体户"跨过很低的门槛进入创业阶段，开一家个人的小店，其中"易趣"要收取一定费用，"淘宝"目前免费。网站为创业者们提供了强大的推广、信息、信用、支付手段和售后支持,这样,店主可以没有后顾之忧地尝试自己的想法,锻炼自己,经营得当,会带来很好的利润,失败了,也不会有太大损失,又长了经验,能尽快成熟起来。

无论什么模式,移动方向都显示出了势不可挡的发展优势。据美国科技博客网站Business Insider 发布名为《数字的未来:2013》报告显示,"新媒体"超越"旧媒体"。以苹果、谷歌、亚马逊、Facebook、雅虎等为首的新媒体公司市值已超过 1 万亿美元,以迪斯尼、Comcast、时代华纳、Viacom、CBS、新闻集团、21 世纪福克斯等为首的旧媒体,市值仅为 4 800 亿美元,不足前者一半。移动媒体是唯一连续五年消费保持增长的类型,电视、互联网、广播、印刷等媒体形态,均呈现下滑或停止状态。移动设备催生新型娱乐、通信、媒体和商务。全球 20% 的网络流量来自移动设备。社交与音乐主要消费平台是移动设备,约 3 800 万 Facebook 美国用户只通过移动设备访问 Facebook,约 20% 的电子商务流量来自移动设备,约 11% 的电子商务营业额来自移动设备。Open Mobile Media 今年 7 月所做的一项调查显示,移动互联网产业下一项革命将发生的领域中,22% 的被调查高管认为是可穿戴设备,17% 的人看好移动钱包。彭博社所做的另一项调查显示,智能手表和保健腕带将成为市场的主流。另外,网家庭和遥控生活将成未来的主流,物联网也大有机会。预计到 2020 年时,全球网设备总数将达到 750 亿台,年平均增长率将达 31%。

二、特点

(一)移动商务的特点

与传统的商务活动相比,移动商务具有如下几个特点:

1. 更具开放性、包容性

移动商务因为接入方式无线化,使得任何人都更容易进入网络世界,从而使网络范围延伸更广阔、更开放;同时,使网络虚拟功能更带有现实性,因而更具有包容性。

2. 具有无处不在、随时随地的特点

移动商务的最大特点是"自由"和"个性化"。传统电子商务已经使人们感受到了网络所带来的便利和快乐,但它的局限在于必须有线接入,而移动电子商务则可以弥补传统电子商务的这种缺憾,可以让人们随时随地结账、定票或者购物,感受独特的商务体验。

3. 潜在用户规模大

中国的移动电话用户已接近 8 亿,是全球之最。显然,从电脑和移动电话的普及程度来看,移动电话远远超过了电脑。而从消费用户群体来看,手机用户中基本包含了消费能力强的中高端用户,而传统的上网用户中以缺乏支付能力的年轻人为主。由此不难看出,以移动电话为载体的移动电子商务不论在用户规模上,还是在用户消费能力上,都优于传统的电子商务。

4. 能较好确认用户身份

对传统的电子商务而言,用户的消费信用问题一直是影响其发展的一大问题,而移动商务在这方而显然拥有一定的优势。这是因为手机号码具有唯一性,手机 SIM 卡片上存贮的用户信息可以确定一个用户的身份,而随着未来手机实名制的推行,这种身份确认将越来越容易。对于移动商务而言,这就有了信用认证的基础。

5. 定制化服务

由于移动电话具有比 PC 机更高的可连通性与可定位性,因此移动商务的生产者可以更好地发挥主动性,为不同顾客提供定制化的服务。例如,开展依赖于包含大量活跃客户和潜在客户信息的数据库的个性化短信息服务活动,以及利用无线服务提供商提供的人口统计信息和基于移动用户位置的信息,商家可以通过具有个性化的短信息服务活动进行更有针对性的广告宣传,从而满足客户的需求。

6. 移动商务易于推广使用

移动通信所具有的灵活、便捷的特点,决定了移动商务更适合大众化的个人消费领域,比如:自动支付系统,包括自动售货机、停车场计时器等;半自动支付系统,包括商店的收银柜机、出租车计费器等;日常费用收缴系统,包括水、电、煤气等费用的收缴等;移动互联网接入支付系统,包括登录商家的移动客户端站点购物等。

7. 移动商务领域更易于技术创新

移动商务领域涉及 IT、无线通信、无线接入、软件等技术,并且商务方式更具多元化、复杂化,因而在此领域内很容易产生新的技术。随着中国 3G 网络的的兴起与应用,这些新兴技术将转化成更好的产品或服务。因此,移动电子商务领域将是下一个技术创新的高产地。

(二) 服务的本质

移动商务服务的本质包括:Transaction 事务处理、Mobility 移动性、Location 定位能力、Timing 即时性。

1. 事务处理的能力

如表 1.1.1 所示为基于 Internet 的电子商务与移动商务的事务处理能力的比较。

表 1.1.1　事务处理能力的比较

	基于 Internet 的电子商务	移动商务
1. 复杂性	完整和先进的交易	简单,往往体现为是或者否的选择
2. 信息	丰富和方便的搜索	简单、短的和关键信息
3. 产品和服务的范围	广泛的选择	有限的和具体的选择
4. 支付	主要是信用卡	可以使用内置的付款机制
5. 后台系统连接	方便地连接到 EDI/ERP/intranet	有限地连接到后台系统

2. 移动性、位置敏感和及时服务

如表 1.1.2 所示为基于 Internet 的电子商务与移动商务的移动性、位置敏感和及时服务的比较。

表 1.1.2 移动性、位置敏感和及时服务的比较

	基于 Internet 的电子商务	移动商务
1. 服务提供	服务提供到家里或者办公室，避免旅行	服务提供给移动中的人，方便旅行者的需求
2. 移动目标追踪	无	实时追踪移动的目标
3. 定位能力	位置是作为一个被克服的约束条件	位置作为一个产生价值的新维度
4. 服务范围	全球市场	局部/需求发生的地方
5. 对时间的敏感程度	永远在线，时间作为应该被克服的约束条件	时间敏感、紧急事件的处理，临时的购买需求

三、功能

（一）移动商务短信平台功能

1. 来访信息查询

功能说明：可按时间、地域和访问栏目查询来访手机号及留言，此功能的运用可为企业主自动锁定目标受众，便于企业促销、宣传活动的高效开展，为企业省钱省力。

2. 通信薄功能

功能说明：具备用户分组、号码添加、号码查询、通信信息导出功能，用户可随时随身进行通信薄管理和功能使用，方便、快捷。

3. 短信功能

功能说明：短信群发与移动实名功能联合使用，移动实名能为企业锁定需求目标，而短信发送功能则能为需求用户发送需求信息，实施精确营销，花费少、效果好。

4. 抽奖功能

功能说明：此功能为企业客户维护和开发而设计，企业在某一时间和地域进行宣传活动时，可按时间、地域、中奖人数、奖项等条件进行设置，进行抽奖活动，给中奖者送出大礼，既有效地维护了老客户，又强有力地吸收了新客户。

5. 留言功能

说明：用户发送"移动实名＋留言栏目号＋内容"进行留言。此功能让用户和企业进行着亲密接触及有效的交流，使企业第一时间获得用户的反馈和建议。

（二）移动商务 WAP 平台功能

第二代移动商务系统主要采用基于 WAP 技术的方式，手机主要通过浏览器的方式来访问 WAP 网页，以实现信息的查询，部分地解决了第一代移动访问技术的问题。第二代的移动访问技术的缺陷主要表现在 WAP 网页访问的交互能力极差，因此极大地限制了移动商务系统的灵活性和方便性。此外，由于 WAP 使用的加密认证的 WTLS 协议建立的安全通道必须在 WAP 网关上终止,形成安全隐患,所以 WAP 网页访问的安全问题对于安全性要求极为严格的政务系统来说也是一个严重的问题。这些问题也使得第二代技术难以满足用户的要求。

(三)新一代移动商务平台功能

新一代移动商务系统融合了 3G 移动技术、智能移动终端、VPN、数据库同步、身份认证、地理信息系统、Webservice 以及商业智能等多种移动通信、云计算、信息处理和计算机网络的最新前沿技术,以专网和无线通信技术为依托,使得系统的安全性和交互能力有了极大的提高,为电子商务人员提供了一种安全、快速的现代化移动商务交易机制。典型的移动商务系统支持 GPRS、CDMA、Edge 以及所有制式的 3G 网络。一般都采用了先进的自适应结构,可以灵活地适应用户的数据环境,具有现场零编程、高安全、部署快、使用方便、响应速度快等优点。

在移动商务平台上,可以实现远比短信平台丰富的功能。如:(1)展示功能,展示图文并茂的信息,让客户进行全方位的了解,向客户传播企业的形象、实力等;(2)陈列功能,提供完善的产品介绍,让产品突破时间、空间的限制,走进客户生活;(3)导购功能,为用户提供在线咨询和帮助,让企业和访问客户亲密交流,用户直接可以在线订单;(4)移动办公功能让企业可以通过移动终端完成日常的商务邮件及日常工作安排文档处理,提高办公效率;(5)营销功能,进行基于位置和用户的精准营销,是企业开展"移动定向营销"的最佳选择;(6)支付功能,使手机变成新的金融及身份辨识工具,通过无线支付功能,为企业、个人提供更安全、更可靠的个性化的服务;(7)掌上娱乐,移动平台上带来更多的游戏、动漫、时尚、生活等休闲娱乐世界,更便捷的操作方式。

1.2 移动商务的分类

相对于传统的电子商务,移动商务增加了移动性和终端的多样性,无线系统允许用户访问移动网络覆盖范围内任何地方的服务,通过对话交谈和文本文件直接沟通。由于移动电话手持设备的广泛使用,使其将比个人计算机具有更广泛的用户基础。移动商务具有移动性、个性化和方便性等特点。如表 1.2.3 所示为移动商务的分类。

表 1.2.3 移动商务的分类

从运营者角度分类	交易类业务	实物商品交易类
		数字商品交易类
		信息商品交易类
		金融商品交易类
		积分商品交易类
	安全认证类	证书处理类
		证书服务类
		数字版权保护类
		安全商务数据处理类

		个人应用类
从用户角度分类	按交易主体分类	企业应用类
		政府应用类
	按交易机制分类	社交应用类
		情景应用类
		交易撮合类

一、移动商务软件分类

目前经常接触的移动化电子商务软件主要有六大类：网购类、二手交易类、移动支付类、购物分享类、团购类、比价和折扣查询类。

(一)网购类

网购类最常用的是淘宝,还有 B2C 类品牌客户端,比如凡客、京东,这两个软件的评分都有四星。他们更多地承载导购和为 web 端内容服务的责任。

由于淘宝的业务十分庞杂,所以淘宝本身的应用被拆分成好几个客户端来实现。比如淘宝彩票、淘宝精品、淘宝求购、淘宝女人街,有淘宝 UED 部分设计开发的,也有第三方的,质量层次不齐。

淘宝客户端是由 echo 设计的。可能这也是每次升级后,界面都没有多大改变的原因之一。设计很精致,功能很复杂,导致逻辑关系诸多,运行很容易崩溃。对于移动端来说,显得过重了。不过由于有丰富的商品库和可靠的物流查询服务,这些都是诱惑。

根据 DCCI 数据显示,人们网购的三大类商品分别是衣饰/箱包/鞋,IT 数码/家电,图书/音像。淘宝客户端"随便走走"里的推荐就是根据这个规律设计的。而且我们发现对大众影响最大的 B2C 网站也是主要卖这三类商品起家的。

相对来说,凡客、京东、卓越的客户端更轻,更有针对性。

这些品牌现在都已经有 ipad 客户端,平板客户端比手机客户端更适合精确查找和迅速购买。

近年来,移动购物平台软件开发成为创业的新焦点。如 50 个人的穷团队,只用了三年时间,wish 就成为北美最大的移动购物平台,这种传奇让许多人瞠目结舌,也让 wish 在中国跨境电商中迅速蹿红。截止 2014 年 8 月的数据显示:95%的订单量来自移动端,89%的商户来自中国,App 日均下载量稳定在 10 万上下。

(二)二手交易类

由于人们日常生活会产生很多无法独立消费完的商品,网上的二手交易行业开始兴起,刚开始伴随着本地化信息服务产生,后来越来越多的网站把这作为盈利方式之一开发出二手交易的功能。在二手交易逐渐火爆的背景下,专注于二手交易服务的手机应用也越来越多。

猎趣是近期新出现的移动端二手交易平台,在 iOS 和 Android 平台上均发布了自己的客户端。iOS 上，猎趣仅发布了 iPhone 客户端，iPad 客户端暂时还未发布。猎趣遵循了交易的一般流程来设计 App，整合了出售时的发布、管理以及购买时的选购、议价、支付、管理整个流程，首页直接以列表的形式呈现待售二手货品，顶部列出常用分类快速检索，而全部的分类和快速搜索功能则可以通过左上角的检索按钮进入。虽然是二手交易平台，但猎趣在一定程度上带有社交 App 的设计风格。在 App 内用户可以相互关注或者私信，被关注的用户发布的二手交易信息将出现在"关注界面"中。

二手交易做的好的还有百姓拍了卖。非常简单，没有把同城各类分信息加载到小小的客户端上，就两个功能，根据间隔来选择要买的二手商品，发布自己要卖的二手商品。

还有个比较好的例子是国外的软件 Zaarly：基于位置的个人需求平台是一个能让用户外包任务和跑腿差事的生活服务类站点，Zaarly 也是一个本地化的实时交易市场。你可以雇佣附近的人去帮你做你办不了的事情，和四周的人进行交易。

由于移动端设备可以分享地理位置，并且有良好的拍照功能，所以线上发信息，线下交易的模式变得更加方便快捷。

（三）移动支付类

移动支付是移动购物和消费的辅助手段，用户使用移动终端对所消费的商品或服务付款。主要包括：短信支付、扫码支付、指纹支付、声波支付等。国内的支付宝、微信、QQ的财付通、电信的易信、移动的飞信、国外的苹果等，都纷纷推出自己的移动支付系统。移动端设备的特性决定了移动支付将会替换现有的支付方式，成为主流。

韩国的乐购做的一个户外营销，尝试在地铁里用手机拍摄物品二维码进行购物，并用移动端支付。很快物品就和人同时间到了家里。移动支付还将改变线下物品的购买方式。

移动支付宝钱包使各个支付项目以 icon 的形式更清楚地展现在我们眼前。并且利用手机自带的摄像头与屏幕，通过摄像头扫描在屏幕显示的二维码方式完成对方支付账号的识别。各种传感器被充分地利用作为支付的交互方式，硅谷创业公司 Naratte 推出超声波移动支付服务，Tabbedout 公司则采用蓝牙技术方案，其他诸如拍照、指纹、输入等方式也非常多见。目前，在主流智能机上，蓝牙、GPS、摄像头、电子罗盘、3D 加速、气压测高、NFC 等传感器已经逐渐成为标准配置。

（四）购物分享类

社会化电子商务在去年底开始兴起。有 80% 的人愿意对购买过的商品做出评价。但是人们最愿意分享的时刻集中在收到商品打开箱子的这段时间。而手机即时分享的特性，更好地满足了人们的这一需求。

比如美丽说和蘑菇街，都和女性购物有关，运营的内容多为衣物、衣饰、护肤品。合作的商家主要是这类商品的 B2C 商家和淘宝店。

美丽说的客户端很有淘宝画报的影子。基本上发布的内容都是淘宝店家发的美图和分享。目前 web 整个团购尝试还不成熟，所以没有开发客户端。而蘑菇街的客户端要在8 月发布。不知和美丽说有什么不一样的地方。

国内还有很多从手机端开始发力的购物分享应用，比如格子箱。目前还没有 web端。主要是帮助人们快速地发现朋友们正在使用的商品，进行交流和分享。

（五）团购类

团购网站总是速效型的，包括 App，设计方面都不完美。如美团、拉手、大众点评和一些团购导航站的客户端，一般都预设了周边团购功能，通过定位，用舆图显示我们四周的团购。但是功能还不完善，基本搜索不到周边的团购。

团购移动化的立意应该是提供更好的售后，所以舆图功能和点评功能都是可以尝试的地方。简单移动购物分享平台——最淘是近期广受欢迎的移动团购分享平台，通过这个平台，用户不但能查询搜索团购信息和购买团购产品，还能将这些信息传递给好友。平台可以通过位置服务，向用户推荐附近团购项目及好友。还有线下购物的分享。特别是与照片和视频的结合，即时、直观，让购物分享更加真实和有效。

（六）比价、折扣、查询类

为了给用户提供更多的增值服务，移动端的比价、折扣、咨询类软件也是风生水起。这些软件都是为更好地刺激购物欲或者为大家省钱省时间提供的服务。现在有近 10 种适合中国消费者使用的比价软件，例如 Quick 拍、我查查、魔印等，大多为免费下载。

线上商城的商品比较相对来说信息更易获取，更新也方便。但是线下货品比较在目前中国市场来说也只能限于比较大的超市之间某些常规商品的比价。

折扣类的信息比价格更易变更难获取，所以现在大多折扣都是由大众点评这样具有线下商圈大量数据信息的公司发布出来的。爱折客、丁丁优惠都是这类性质。

查询类主要指快递单号查询，国外的 deliveries 非常有名，收费软件，只能查询国外包裹快递信息。国内没有发现特别好用的快递查询软件。一般 B2C 都有自己的物流，快递主要为淘宝商家服务，而淘宝本身已经提供快递查询，所以专门的快递软件需求不大。

快速获得即时有用的商品信息，帮助做出购买决策。并通过移动终端的便利性，实现服务的 online to offline。这些都是移动电子商务给我们提供的前景。中国的线下服务业整合和规范化需要一个漫长的过程，移动电子商务的发展能加快这种变革。

二、移动商务提供的服务分类

（一）银行业务

移动电子商务使用户能随时随地在网上安全地进行个人财务管理，进一步完善因特网银行体系。用户可以使用其移动终端核查其账户、支付账单、进行转账以及接收付款通知等。目前中国银行、工商银行、建设银行、农业银行四大国有银行及招商银行、兴业银行等商业银行纷纷推出了手机银行，提供银行卡、信用卡账户查询、转账汇款、自主缴费、投资理财、信用卡还款等便利的服务。

（二）交易

移动电子商务具有即时性，因此非常适用于股票等交易应用。移动设备可用于接收实时财务新闻和信息，也可确认订单并安全地在线管理股票交易。现在的手机银行中一般也会提供相应的功能。但也有专门用于股票交易、投资理财的软件，如华泰证券的涨乐理财、大智慧等等。

（三）订票

通过因特网预定机票、车票或入场券已经发展成为一项主要业务，其规模还在继续扩大。因特网有助于方便核查票证的有无，并进行购票和确认。12306 铁路客户中心推出了相应的客户端。而携程、去哪儿等网站更是将火车、机票、旅游门票等的订购功能集为一体。移动商务使用户能在票价优惠或航班取消时立即得到通知，也可支付票费或在旅行途中临时更改航班或车次。借助移动设备，用户可以浏览电影剪辑、阅读评论，然后定购邻近电影院的电影票。

（四）购物

借助移动电子商务，用户能够通过其移动通信设备进行网上购物。即兴购物会是一大增长点，如订购鲜花、礼物、食品或快餐等。传统购物也可通过移动电子商务得到改进。例如，用户可以使用"无线电子钱包"等具有安全支付功能的移动设备，在商店里或自动售货机上进行购物。

（五）娱乐

移动电子商务将带来一系列娱乐服务。用户不仅可以从他们的移动设备上收听音乐，还可以订购、下载或支付特定的曲目，并且可以在网上与朋友们玩交互式游戏，还可以游戏付费，并进行快速、安全的博彩和游戏。

（六）无线医疗（Wireless Medical）

医疗产业的显著特点是每一秒种对病人都非常关键，这一行业十分适合于移动电子商务的开展。在紧急情况下，救护车可以作为进行治疗的场所，而借助无线技术，救护车可以在移动的情况下同医疗中心和病人家属建立快速、动态、实时的数据交换，这对每一秒钟都很宝贵的紧急情况来说至关重要。在无线医疗的商业模式中，病人、医生、保险公司都可以获益，也会愿意为这项服务付费。这种服务是在时间紧迫的情形下，向专业医疗人员提供关键的医疗信息。由于医疗市场的空间非常巨大，并且提供这种服务的公司为社会创造了价值，同时，这项服务又非常容易扩展到全国乃至世界，我们相信在整个流程中，存在着巨大的商机。

（七）移动应用服务提供商（MASP）

一些行业需要经常派遣工程师或工人到现场作业。在这些行业中，移动 MASP 将会有巨大的应用空间。MASP 结合定位服务技术、短信息服务、WAP 技术，以及 Call Center 技术，为用户提供及时的服务，提高用户的工作效率。

三、移动支付方式的分类

移动支付指用户使用其移动终端（一般以手机为主）对所消费的商品或服务进行账务支付的一种支付服务方式。

　　2015 年中国互联网产业年会召开。会上数据显示移动互联网支付业务在 2014 年得到了长足发展,专家预测到 2015 年,我国移动电商市场交易规模将超过 1 046 亿元,新兴 O2O 商务应用服务在国内全面布局,移动支付将逐步成为网民购物的常态支付手段。

　　智能手机可以更加紧密地结合线上线下,而移动支付就可以把线上线下连接起来,让存在于线下的支付数据存储到线上并加以分析利用,移动支付功能在线上与线下之间形成闭环,将为人们的生活带来巨大便利。

　　移动支付按技术可以分为近场支付和远程支付两种形式。

　　近场支付指手机或其他移动设备通过射频、红外、蓝牙通道,实现与自动售货机,POS 机等终端设备之间的近距离通信技术。典型用途是销售交易扫描活动。如用手机刷卡的方式坐车、买东西等购物消费,还能用来交换任何数量或类型的数据。

　　远程支付指诸如网银、手机银行等通过发送支付指令或通过邮寄、汇款等借助支付工具进行的支付方式。

　　移动支付产品分类主要有三种类型:

1. 由互联网公司推出的移动支付产品

　　互联网公司给用户带来的移动支付应用,如阿里巴巴推出的支付宝和腾讯公司推出的财付通移动客户端,都是集手机支付和生活应用为一体的在线支付平台,如图 1.2.1 所示。

图 1.2.1　财付通支付页面

2. 以运营商单独或与银行联手推出的移动支付产品

　　运营商单独或与银行联手推出的移动支付应用,如中国联通的沃支付移动客户端和中国电信推出的翼支付移动客户端等具有手机支付功能的软件,用户都能利用这些移动支付应用进行便捷地缴纳话费和享受各种便民服务,如图1.2.2所示。

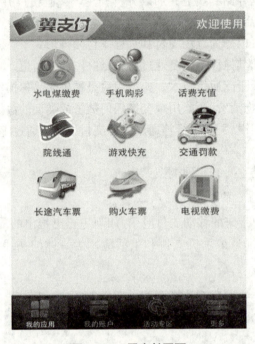

图1.2.2　翼支付页面

3. 来自银行的移动支付产品

　　包括认证支付、快捷支付和储蓄卡支付,如图1.2.3所示。

图1.2.3　银行卡支付

1.3　移动商务的发展

一、移动商务的驱动因素

（一）社会发展的驱动

移动商务使随时随地进行商务及秘密通信成为可能。尽管传统的通信覆盖了社会的各个层面，然而在不久的将来，市场细分和顾客细分将不断增长。而移动通信界面的个性化设计为用户简化了服务与信息的接入，从而满足了社会发展的需要。

（二）技术进步的推动

我们不仅经历了比固定线路质量更好的语音传输，同时也将把移动接入 Internet 和其他基于协议的服务与应用中。第三代网络实现了带宽的激增，蓝牙技术使个性化的带宽分配极为高效，多媒体网络的融合使各种通信十分便利。

（三）经济的需求

良好的外部网络环境、引人注目的内容、低廉的成本、合理的移动服务价格以及其他因素正在潜移默化地推动市场的增长。鉴于 UMTS 服务在价格、网络容量及传送速度上的优势，在一定程度上，固定线路连接正在被移动连接所替代。同时，人们也期望移动电话供应商低额定价法的采用能够产生更强的替代作用。

基于这些驱动因素，移动商务发展正在成就下一代的市场，吸引全球各个领域的人们都参与其中。

二、移动商务的发展历史

随着移动通信技术和计算机的发展，移动商务的发展已经经历了 3 代。

（一）第一代移动商务

第一代移动商务系统是以短讯为基础的访问技术，这种技术存在着许多严重的缺陷，其中最严重的问题是实时性较差，查询请求不会立即得到回答。此外，由于短讯信息长度的限制也使得一些查询无法得到一个完整的答案。这些令用户无法忍受的严重问题也导致了一些早期使用基于短讯的移动商务系统的部门纷纷要求升级和改造现有的系统。

（二）第二代移动商务

第二代移动商务系统采用基于 WAP 技术的方式，手机主要通过浏览器的方式来访问 WAP 网页，以实现信息的查询，部分地解决了第一代移动访问技术的问题。第二代的移动访问技术的缺陷主要表现在 WAP 网页访问的交互能力极差，因此极大地限制了移动电子商务系统的灵活性和方便性。此外，WAP 网页访问的安全问题对于安全性要求极为严格的政务系统来说也是一个严重的问题。这些问题也使得第二代技术难以满足用户的要求。

（三）新一代移动商务

新一代的移动商务系统采用了基于 SOA 架构的 webservice、智能移动终端和移动 VPN 技术相结合的第三代移动访问和处理技术，使得系统的安全性和交互能力有了极大的提高。第三代移动商务系统同时融合了 3G 移动技术、智能移动终端、VPN、数据库同步、身份认证及 Web service 等多种移动通信、信息处理和计算机网络的最新前沿技术，以专网和无线通信技术为依托，为电子商务人员提供了一种安全、快速的现代化移动商务办公机制。

三、移动商务的发展现状

（一）移动商务的基础

1. 基本形式

移动商务的最初形式是短信，2000 年中国移动推出短信业务后，中国移动增值业务市场正式启动，并迅速成为中国移动运营商最大而且也是发展最快的移动增值业务之一。目前在中国，个人消费者市场短信业务的普及率已经非常高，与此同时新开发的企业用户短信市场的空间在应用技术提供商和通信运营商的开拓下正加快放大。企业短信的应用形式：第一个层次是以纯粹的短信群发为主，为企业提供促销、广告等消息群发的服务；第二个层次是把企业短信应用上升到具体的解决方案，在功能上进行了一定的定位和扩展；第三个层次是把企业短信应用与企业管理相联系，向复杂的应用系统延伸。在对未来企业移动应用的主要系统调查中，以 CRM 和 ERP 为代表的复杂纵向应用成为企业移动应用的主要领域。中国企业移动应用开始由简单的横向应用转向复杂的纵向应用。相对来讲，短信应用是目前中国移动商务市场应用最多的一类，比移动支付、移动搜索等发展更快。作为技术比较成熟的一类业务，未来短信将在中国企业级用户市场获得普及化的应用，使企业的 IT 管理真正实现移动管理、即时管理。

2. 发展形式

近年来，移动支付业务已开始在手机用户中流行。随着移动用户数的增长，移动支付业务用户数明显增长，年增长率保持在 10% 左右。目前，国内可用来实现移动支付的支撑技术已经逐渐成熟，如短消息技术、无线应用协议（WAP）已经能为移动支付的安全实现提供保证。尽管技术上可行，但移动支付市场尚处于市场培育和推广阶段，消费者长期形成的消费习惯和固有的支付方式是这种快捷服务成长过程中必须逾越的一道坎。只有提供更多与老百姓日常生活息息相关的支付服务，并逐步渗透到传统支付模式中去，才能使该产业有长足的发展。

电子邮件是互联网应用中普及率和使用频率最高的一个业务，因而也受到了移动运营商的高度重视。手机邮件被移动行业视为继语音通话和文本信息之后的第三大收入来源,而成为众多商家争夺的目标,目前中国联通和中国移动对于该项业务如此积极的主要原因还是着眼未来的 3G,特别是为高端数据用户的发展做准备。但是,手机邮件业务在国内市场还处于初期摸索阶段,我国用户对其接受需要一个培养过程。尤其是资费问题以及手机屏幕显示问题等都阻碍了用户的应用。

手机搜索引擎是一种面向无线网络的手机短信搜索引擎系统,为互联网用户和手机用户提供搜索短信业务。手机用户只要通过编辑短信,发出一个关键字到手机搜索引擎服务代码,就可以搜索到需要的信息;同时手机用户也可以在搜索引擎上发布自己的信息。手机搜索引擎提供了一个企业与手机用户之间的商务信息互动平台,并为一些服务型企业无形中带来很多商机。企业用户通过手机或者网站注册手机实名,有信息需求的手机用户就可以通过手机搜索引擎与其进行交易。目前已有不少淘宝者捷足先登进入这一崭新的领域。目前在中国,互联网搜索备受网络服务商重视,中国移动也同谷歌一起推出了手机搜索服务。

3. 移动商务发展的技术基础

移动电子商务超越时间和空间的限制,只用一个手机或其他无线终端,使人们通过移动通信设备获得数据服务,通信内容包括语音、数字、文字、图片和图像等,在移动中进行电子商务。移动电子商务的发展主要取决于移动通信技术的空前发展,移动通信工具与因特网连接的无线上网技术以及因特网服务商所提供的无线上网服务已具备,通信能力的获取越来越便宜,更容易获得越来越高的带宽,并将在近年内实现普及。

4. 无线通信协议标准 WAP

就像 TCP/IP 是 Internet 网上信息互联和通信的协议标准,WAP(Wireless Application Protocol)技术是移动终端访问无线信息服务的全球主要标准,也是实现移动数据以及增值业务的技术基础。WAP 协议定义了一种移动通信终端连接因特网的标准方式,提供了一套统一、开放的技术平台,使移动设备可以方便地访问以统一的内容格式表示的因特网及因特网的信息。它是目前大多数移动通信终端和设备制造商及部分无线通信服务商、基础设施提供商普遍采用的统一标准。

5. 通用分组无线业务(GPRS)

GPRS 突破了 GSM 网只能提供电路交换的思维定式,将分组交换模式引入 GSM 网络中。它通过仅仅增加相应的功能实体和对现有的基站系统进行部分改造来实现分组交换,从而提高资源的利用率。GPRS 能快速建立连接,适用于频繁传送小数据量业务或非频繁传送大数据量业务。

6. 移动 IP 技术

移动 IP 通过在网络层改变 IP 协议,从而实现移动计算机在 Internet 中的无缝漫游。移动 IP 技术使得节点在从一条链路切换到另一条链路上时无需改变它的 IP 地址,也不必中断正在进行的通信。移动 IP 技术在一定程度上能够很好地支持移动电子商务的应用。

7. "蓝牙"(Bluetooth)技术

Bluetooth 是一项由爱立信、IBM、诺基亚、英特尔和东芝共同推出的短程无线连接标准,旨在取代有线连接,实现数字设备间的无线互联,以便确保大多数常见的计算机和通信设备之间可方便地进行通信。"蓝牙"作为一种低成本、低功率、小范围的无线通信技术,可以使移动电话、个人电脑、个人数字助理(PDA)、便携式电脑、打印机及其他计算机设备在短距离内无需线缆即可进行通信。

8. 第三代(3G)移动通信系统

第三代移动通信(3G)包括一组支持无线网络的宽带语音、数据和多媒体通信的标准。IMT-2000,作为 ITU 推出的 3G 标准,至少提供了五种多路接入途径:CDMA2000、wCMA、wCDMA 的时分双工(Time Division Duplex)版本、136HS(基于 IIWCC 推荐)以及数字式增强型无绳电话(DECT),oGSM MAP 通过"标准集"的支持与 IS-41 网络相互作用。也就是说,必须在 WCDMA 规范前提下,允许与 IS-41 的相互连接,通过 CDMA 2000 为 GSMMAP 提供接口。

9. 基于 Wi-Fi 和 WiMAX 的无线宽带技术

Wi-Fi 是无线保真(Wireless Fidelity)的缩写,其核心的 WLAN(Wi-Fi 仅指802.11b,WLAN 则可分别采用 802.11b 及 802.11b+)。麦肯锡管理学家 Reed E. Hundt 指出,这是一项全新的技术,它能重新激发经济增长,而且可以帮助任何人在任何地方以低成本接入互联网。只要将一个便宜的 Wi-Fi 基站(芯片加上收发器)与 DSL、光缆调制解调器或 T1 线路等高速互联网接入设备相连,并将该基站放置在距用户两三百英尺的范围,这一范围内的所有用户都能通过带有廉价的 Wi-Fi 装置的个人电脑或 PDA 共享这一低价、高速的互联网接入,而无需分别支付专用 DSL 或光缆调制解调器较高的服务费用。另外,Wi-Fi 能以低廉的价格轻而易举地将互联网互联互通的脉络延伸到任何社区,把信息流汇入高速光纤主干网络的各个端点。根据美国 Visiongain 公司的分析报告,迄今为止全世界已经有超过 400 个城市(其中半数在美国)开始或正在建设无线宽带城域网络以满足公共接入、公共安全和公共服务的需要。建设无线宽带城域网络能在企业、学校、图书馆、医院、市民、外来访客和旅游者以及政府机构之间搭建一个能随时随地良性互动的和谐交互环境,提供方便快捷、可支付得起的、丰富的、个性化的公共服务,并为城市经济发展提供新的商业机会。

(二)移动商务的发展现状

2015 年中国互联网产业年会召开。会上透露,截至 2014 年第三季度,我国移动电商交易规模已超 2 100 亿元,比 2013 年增长了近 3 倍。新兴 O2O 商务应用服务在国内全面布局,涉及招聘、电影票、交通票务、旅游门票、打车代驾租车、餐饮、美容、汽车保养等领域的移动互联网热点不断涌现,服务民生的智能应用体系逐步成熟,市场规模加速扩大。

移动商务作为一种新型的电子商务方式,是对传统电子商务的有益补充和扩展。相对于传统的电子商务而言,移动商务可以真正使任何人在任何时间、任何地点得到整个网络的信息和服务。在成熟的移动商务应用的国家,人们可以通过手机了解交通工具的班次,查阅影院的放映内容和售票情况,并可以根据手机屏幕上显示的影院座位图来选择座位。股民也可以随时随地通过手机了解股市行情,进行股票交易。外出旅游的人可以通过发短信的方式预定手机服务内容,有关信息被自动输入专用监控系统后,用户就能在预定日期内收到指定目的地的天气预报。移动商务的优势首先在于它的无所不在,通过移动通信设备,企业所提供的内容可在任何时间、任何地点到达顾客手中,移动商务创造更高效、更准确的信息互动;其次是它的便利性,移动通信设备便于携带,为移动商务开拓了更大自由度的商务环境,可以随时随地从事公司活动,通过移动通信设备进行交易或取得资讯;第三是移动商务的个性化,移动商务的应用能够达到个性化,呈现所需的资讯或提供所需的服务给特定的使用者。信息化为移动商务提供了基础。

我国政府在对信息化的促进政策和自身在采用新技术的带头作用,为移动商务市场提供了保障。我国政府在促进企业移动商务的发展上发挥着重要作用。

1. 商务活动的频繁为移动商务提供了需求

目前在我国,客户对移动商务的了解较少,在被调查的所有企业中,有50%没有听说过移动商务的概念,而余下的那些对此有些了解的客户,又难以理解该方案能够给企业带来的好处。因此,有必要对客户进行市场教育,以帮助他们采用移动解决方案。在我国的金融业、运输、物流以及零售等增长率高且竞争力强的行业中,很多公司正在采用移动解决方案来提高他们的运营效率和财务业绩。

2. 移动运营商为移动商务所做的努力

移动运营商修改他们的战略、商业模式和内部运营,为他们的企业客户提供各种端到端的解决方案。他们也对以往为大众客户而设计的组织、流程和技术进行必要的变革,以适应企业客户的特殊需要。中国移动成立专门的集团客户部,中国联通推出的"新时空",这些组织和业务都是为企业客户的具体需求而打造的。

1.4　移动商务发展面临的问题与趋势

一、移动商务发展面临的问题及对策分析

(一)移动商务发展面临的问题

1. 用户移动电子商务习惯需要进一步培养

中国移动电子商务的发展,根本的动力来自于市场的有效需求。就中国当前移动电子商务的消费习惯而言,手机网民电子商务的意识正处于培育期,消费习惯还未养成。未来几年,随着网购用户向手机互联网的渗透,移动互联网应用环境的不断改善,以及移动电子商务平台服务的丰富性逐步提高,移动互联网网民的电子商务将逐步增强。

2. 产业链整合需要进一步规范和梳理

移动商务是一个新兴的市场领域,产业链整合作为移动电子商务发展的一个长期趋势,合作形式已经由原有的上下游的链状合作逐渐过渡到网状合作的阶段,而不同的参与

主体都在适应和找寻在产业链中新的角色和定位。加上政府在监管和政策制定等方面存在一定的滞后，整个产业尤其是一些创新性的服务模式发展才刚起步。

3. 移动商务服务缺乏成熟的商业模式

由于用户属性和消费行为的不同，移动电子商务发展并不能照搬传统电子商务的运营模式，但就目前中国移动电子商务发展的现状而言，在移动电子商务平台的建设方面，还没有出现一个较为成熟的商业模式。

4. 移动商务人才的匮乏

对比电子商务的飞展迅速，电子商务专业人才匮乏却日益加剧。有专家认为，目前电子商务人才的紧缺更多表现为人才的结构性问题，现有的专业的外贸人员在电子商务的知识和技能上无法适应企业的需求。电子商务人才的匮乏更表现在移动电子商务上，是制约着移动电子商务发展的问题。

（二）对移动商务问题的对策分析

根据以上分析，可以看出我国电子商务存在的问题还很多，这严重制约了我国移动电子商务的发展。因此，必须要结合我国移动电子商务发展的实际情况，借鉴发达国家移动电子商务的发展经验，以寻找出解决这些问题的办法。只有采取必要的技术手段和科学的方法，才可以充分提高移动电子商务在我国的发展水平，从而全面推动移动电子商务在我国全面快速地发展。因此，对于上面的问题，特提出了以下解决的对策：

1. 加强我国移动电子商务的理论研究，加强对电子商务人才的培养

首先，根据我国移动电子商务发展状况，全面开展对移动电子商务的理论研究。在对理论研究的同时，要注重理论的研究深度和方法。目前，随着中国移动电子商务的不断发展，对移动电子商务理论的研究，主要包括对移动电子商务行为的研究，对移动电子商务经济学、战略和商务模式的研究，对各类移动电子商务安全技术的研究，对应用服务接纳模型的研究和对移动电子商务跨文化研究。同时，对移动电子商务研究的方法应该采取实证方法。

其次，在相关专业中加入移动电子商务方面的相关知识，或者将移动电子商务的相关技术和知识通过网络传播出去，相关的人员就可以根据自己的兴趣、爱好进行系统化的学习，同时还可以在网上与专家交流，以提高自己的专业水平，还可以利用社会资源，进行集中培训。通过整合现有的教育资源，开设相关的培训教育，对相关的人员进行专项培训。对技术人员加强企业管理和网络营销方面的培训；对管理人员则要加强移动通信网络设备和结构、Internet 数据库等方面知识的培训。

2. 加强我国移动电子商务的安全保障建设

移动安全技术在移动电子商务中具有十分重要的地位，它保护着商家和客户的商业机密和财产，同时也为服务方和被服务方提供极大的便利。根据当前我国移动电子商务的安全问题，可以采取类如端到端的安全策略、无线公共密钥技术等技术手段来保证我国移动电子商务在安全、可靠的环境下健康发展。

3. 完善移动电子商务的法律体系，加强监督

良好的市场环境、完善相关的法律法规是移动电子商务稳定发展的基础，比如：加强移动电子商务安全规范管理；完善相关法律和制度，规范产业发展，构建安全交易环境等。

事实证明，只有将安全技术和安全机制有机地结合起来，才能营造一个安全的移动电子商务环境。

4. 加强移动网络的建设和移动终端的改良

网络质量是用户的第一体验，而网络覆盖是网络质量的关键点，只有加强移动网络信号覆盖，才能使用户真正实现随时随地享用移动服务，此外，针对目前我国网络速度普遍较慢的情况，应该采取增加网络容量、优化网络带宽的使用等措施来提高移动网络的可靠性。同时，为推广移动商务的使用，必须普及移动终端的使用，可采取的方法有：降低移动终端的价格、改进移动终端设计，使操作足够灵活，此外，目前，手机功能的限制，使移动电子商务的推广受到了一定的限制，必须提供方便可靠和具备多种功能的移动设备。

5. 规范我国移动电子商务交易中的诚信机制

解决我国移动电子商务交易中的诚信问题可以借鉴传统电子商务的一些做法。为了保证交易过程中安全性和不可抵赖性，可以在移动电子商务的交易过程中通过强化主体资格的身份认证管理的方式。比如可以通过第三方认证或者是数字签名的技术手段来确保交易双方身份的真实和准确性；同时，还可以采取交易实名制的做法，这在移动电子商务中也是切实可行的。在移动电子商务中，终端号码是唯一的，可以和真实的身份一一对应，因此可以通过最终端的有效管理，降低移动电子商务交易的诚信风险。

6. 加强营销推广，吸引更多的用户

移动电子商务发展的根本在于市场的占有，就要加强企业和消费者对移动电子商务的认识和理解，要积极调动广大消费者用户的消费情趣。这就要改变用户长期形成的消费习惯和固有的支付方式。从多方面吸引用户眼球：（1）拓宽服务领域，不仅仅只局限在一些个人应用和简单应用，如获取信息、购物、订票、炒股等，缺乏更多、更具吸引力的应用，针对用户对很多种类电子商务不能满足的现状，要不断增加服务种类和模式；（2）培养消费环境，引导用户消费理念，通过有效的广播、电视、网络宣传及成功企业的移动电子商务示范，使用户对移动电子商务的优点有充分理解和认识，在进行移动电子商务交易时，尊重市场经济规律，并解决移动电子商务的安全和诚信问题，营造良好的移动电子商务的交易环境；（3）降低移动支付的相关费用，大力推广电子支付业务，包括 POS 交易、电子转账等业务，建立一个完整的个人信用体系。

7. 提供更多个性化的移动服务

推广移动电子商务，首先应进行市场定位，采取有针对性的市场策略，为不同的用户提供更丰富的个性化业务，如除提供商务业务外，可以针对一般用户提供娱乐、信息咨询等多元化的增值业务，此外，手机上网、移动支付也将是移动商务的发展趋势，应该大力推广。

8. 完善我国移动电子商务的移动支付手段和机制

在我国，移动电子商务的商业模式属于新生事物，要取得完善的程度还需要一个过

程。而对移动电子商务的支付机制的完善是一个关键的环节。在此首先要从移动通信的运营商入手,要加强各运营商之间的联系和合作,消除支付障碍,要不断增强移动客户端的功能和数据传输的速度;其次,各移动通信的运营商要降低移动支付的相关费用,鼓励移动终端客户使用移动支付功能。最后,应整合各移动通信运营商的异构支付平台,为移动终端客户建立一个广阔的移动支付平台和选择空间。

9. 政府的扶持

政府的大力扶持有利于移动电子商务正确导向以及快速稳定的发展,政府应鼓励相关的移动运营商与服务商的相互合作,构建统一的移动商务交易平台。移动电子商务的优势是显著的,其发展前景也是瞩目的。但是尽管移动电子商务在我国已经取得了一定的发展,目前还处于起步阶段,其发展除上述的问题需解决外,人们意识、支付手段、配送等各个环节也必须共同进步和提高,才能确保移动电子商务取得长足的发展。

二、移动商务的发展趋势及影响

互联网的技术在不断更新,电子商务也在不断成熟,人们的消费意识也在不断变化,移动电子商务的发展将会有一个良好的平台,同时也会带动很多经济结构的改变。

（一）移动电子商务的发展将对运营商和企业产生重大影响

移动运营商和通信设备制造商将围绕着移动互联网进行大肆宣传,因为它们已经在数据通信设备和运营许可证上投入了巨额资金。这些公司将倾尽全力唤醒用户的意识,并且使他们接纳这一通信方式。随着大批商业应用服务投入运营,可以预见移动通信运营商会将其业务的销售对象从终端消费者转向企业用户,而那些能成功实现这一策略转变的运营商不但可以赢得市场份额,而且可以提高其每个用户收入。

（二）消费者使用移动设备主要是获取信息而不是进行事务处理和交易

对消费者来说,他们主要使用手机获取信息,如电子邮件、股票行情、天气、旅行路线和航班信息等。不过尽管这些服务并不代表直接的商业机会,但是在电子商务的引导下,这些业务有助于构建客户关系,并且创造间接商业机会。

（三）移动电子商务的技术发展

移动电话中将集成嵌入式条形码阅读器,这为移动商务带来新鲜的风气。智能手持设备的显示屏将有所改善,但是表格输入和原始数据输入依然成问题,分辨率较高的显示屏以及具有条形码阅读功能会使移动设备增加用户的友善性。移动安全性将成为一个热点问题,随着人们开始逐渐接受采用移动设备接入互联网,同时也开始日益关注类似于PC机的安全性问题。当采用移动通信设备进行数据共享,以及移动设备功能的不断增加,这种安全性顾虑更加突出。语音网络导航仍在研究之中,由于语音看起来是移动通信设备最自然的接口,不过采用语音方式接入互联网这一研究工作在近期内不会获得突破性进展,更不会出现商用。

（四）3G 业务给移动电子商务创造了发展机遇

由于 3G 的到来,短信一枝独秀的市场格局被彻底改变了。3G 技术将会为企业和最终消费者带来更丰富的技术。例如,流媒体应用技术将应用于企业的视频监控、物流的视频采集等。3G 还将带来基于位置的服务,例如,LBIS 服务和移动定位技术等将应用于公共安全服务、智能交通管理、物流配送等领域。联通公司提供的 CDMA 技术能精准地定位于 5 米之内。移动识别技术,如用照相手机识别二维条码、手机 RFID 的识别、手机上的指纹识别,也随着 3G 的到来为企业和消费者带来了更丰富的体验。此外,WAP 应用也将以更快捷的方式将各种互联网应用平移到手机上,将过去用 PC、互联网访问改为通过 WAP、手机访问原有电子商务系统,不需要再开发任何手机插件,企业可以节省大量投资。

（五）4G 技术促进移动电子商务的性能提升

4G 集 3G 与 WLAN 于一体,能够快速传输数据、高质量、音频、视频和图像等。4G能够以 100Mbps 以上的速度下载,比目前的家用宽带 ADSL(4 兆)快 25 倍,并能够满足几乎所有用户对于无线服务的要求。此外,4G 可以在 DSL 和有线电视调制解调器没有覆盖的地方部署,然后再扩展到整个地区。4G 有着 3G 技术不可比拟的优越性。通过信息整合与跨行业信息的合作等多种方式收集用户的个人资料、行为特征、消费特征、兴趣偏好、移动终端特点等多维的综合信息,采用数据分析挖掘技术,建立用户分类和用户聚类模型,在用户细分的基础上建立用户行为知识库,常用的模型有决策树模型、神经网络模型、回归模型、关联模型等,这些模型在潜在用户挖掘、流失预警、风险控制、用户维系、关联营销等方面都有成熟的应用,能够大大提高移动电子商务行为的分析数据可靠性。

任务 2　移动商务运维的认知

移动商务运维是企业信息化建设的重要组成部分,是指采用专业的信息技术和方法,对用户的软硬件环境、计算机网络与电信网络、应用系统及运维服务流程等进行的综合管理,其目的是保障系统与网络的可用性、安全性和业务持续性,提高其运行效率和服务质量。

能力目标

1. 能够了解移动商务在运维过程中的安全性需求
2. 能够了解移动商务面临的安全问题
3. 能够了解解决这些安全问题需要的一些安全技术

知识内容

1. 移动商务的安全需求
2. 移动商务存在的安全问题
3. 移动商务运用的安全技术

2.1　移动商务的安全需求

移动商务即将成为商业界的现实。大量类似的服务目前正在试验阶段,由 3G 和 4G 的移植将实现各种各样的可能性。例如,航空公司允许用户使用手机客户端来值机;经销商正在试验一项基于位置的新服务,通过手机的定位功能能够在用户临近商店的时候往用户电话中发送个性化促销信息。很多计划也将允许手机用户使用手持的移动设备来付款,购买商品。除了把握住企业对客户(B2C)的商机外,许多企业还将下一代移动服务看作改善整个公司的协作和提高效率的手段。

从为用户提供可随时随地享用的方便灵活的移动服务,到将企业应用和数据扩展到今天不固定的工作人员,移动商务提供了一种增加收入、简化核心流程并降低成本的全新途径。不过,在为公司带来激动人心的商机的同时,移动商务还带来了与在这个“未知领域”开发新商业模式相关的所有复杂性和风险。

初步应用的各种证据表明,安全性是公司在把握这些机会时面临的最大挑战。实际上所有这些模式取得成功的先决条件就是实现高水平的安全性。现在普遍存在的一个不争事实是,移动电子商务面临的最大障碍便是赢得客户的信任,一个安全漏洞很可能导致企业的所有努力功亏一篑。因此,成功依赖于能够开发出安全性战略,迎接移动电子商务带来的复杂的新挑战。

一、移动商务的安全威胁

移动商务的发展既是机遇也是挑战,可以充分利用这个机遇实现跨越式发展。尽管移动电子商务给工作效率的提高带来了诸多优势(如:减少了服务时间,降低了成本和增加了收入),但安全问题仍是移动商务推广应用的瓶颈。因此,安全问题是移动商务的基石,更是移动商务能否取得成功最关键的因素。由于有线网络安全的技术手段不完全适用于无线设备,无线设备的内存和计算能力有限而不能承载大部分的病毒扫描和入侵检测的程序。且我国移动商务的发展应用还存在一些问题,如法律规范不完善,信用意识淡薄,移动终端限制了安全性能的提高,无线网络本身的开放性降低了安全性等,这些导致移动电子商务应用过程中存在诸多安全威胁。

二、移动商务的安全需求

由于移动电子商务是基于无线通信技术的网络层应用,在安全性方面还存在一些特殊的威胁,在安全保护方面也存在特殊的困难。例如,无线网络更容易被外部窃听;无线信道带宽有限,认证信息不能太多,否则会影响系统的吞吐量;移动电子商务中通信单元具有移动性,更增加了安全机制的不确定性。

(一)移动商务的安全需求的来源

移动电子商务的安全需求主要来源于如下几个方面:

1. 假冒

假冒(Easquerade or Spoofing)是指攻击者装扮成另一合法用户来非法访问受害者的资源以获取某种利益或达到破坏的目的。要进行假冒攻击需要一些特殊的工具来处理协议数据单元(PDU),并且可能需要一些特定的访问权限。网络中的结点必须具有非法用户无法模仿的特征,并且能够正确处理合法用户的这些特征,保证系统安全。

2. 窃听

窃听(Eavesdropping)是指攻击者通过对传输媒介的监听非法获取传输的信息,是对通信网络最常见的攻击方式。这种威胁完全来源于无线链路的开放性,但是由于无线网络传输距离受到功率与信噪比的限制,窃听结点必须与源节点距离较近,所以与以太网,FDDI 等典型有线网络相比,更容易发现外部窃听结点。

3. 非授权访

非授权访(Unauthorized Access)是攻击者违反安全策略,利用安全系统的缺陷非法占有系统资源或访问本应受保护的信息。所以,必须对网络中的通信单元增加认证机制,以防止非法用户使用网络资源。由于有中心无线网络具有核心结点,实现认证功能相对容易;而无中心网络没有固定基点,结点的移动不确定,加之其特有的多跳特点,认证机制比较复杂。

4. 服务拒绝

服务拒绝(Denial of service)是指入侵者通过某些手段使合法的网络实体无法获得其

应有的网络服务。在移动电子商务中,这种威胁包括阻止合法用户连接的建立,或者,通过向网络或指定网络单元发送大量数据来破坏合法用户的正常通信。对于这种威胁,通常可采取认证机制和流量控制机制来防止。

(二)移动电子商务的安全需求

1. 有效性、真实性需求

有效性、真实性即是对信息、实体的有效性、真实性进行鉴别。电子商务以电子形式取代了纸张,如何保证这种电子形式的贸易信息的有效性和真实性则是开展电子商务的前提。电子商务作为贸易的一种形式,其信息的有效性和真实性将直接关系到个人、企业或国家的经济利益和声誉。因此,要对网络故障、操作错误、应用程序错误、硬件故障、系统软件错误及计算机病毒所产生的潜在威胁加以控制和预防,以保证贸易数据在确定的时刻、确定的地点是有效真实的。

2. 机密性要求

机密性要求即是能保证信息不被泄露给非授权人或实体。在利用网络进行的交易中,必须保证发送者和接收者之间交换的信息的保密性。电子商务作为贸易的一种手段,其信息直接代表着个人、企业或国家的商业机密。传统的纸面贸易都是通过邮寄封装的信件或通过可靠的通信渠道发送商业报文来达到保守机密的目的。电子商务是建立在一个较为开放的网络环境上的,商业泄密是电子商务全面推广应用的重要保障。因此,要预防非法的信息存取和信息在传输过程中被非法窃取,要确保只有合法用户才能看到数据,防止泄密事件。数据的完整性要求即能保证数据的一致性,防止数据被非法授权建立、修改和破坏。

2.2　移动商务面临的安全问题

移动商务发展基石是安全问题,相对于传统的电子商务模式,移动电子商务的安全性更加薄弱。有线网络的安全技术不能直接应用于无线网络设备,无线设备因内存和计算能力有限而不能承载大部分的病毒扫描和入侵检测的程序,且无线网络本身的开放性降低了安全性等原因导致移动电子商务应用过程中存在诸多安全威胁。

一、移动商务面临的安全问题

(一)技术方面的安全威胁

1. 无线通信网络的安全威胁

传统的有线网络是利用通信电缆作为传播介质,这些介质大部分处于地下等比较安全的场所。因此中间的传输区域相对是受控制的。无线通信网络可以不像有线网络那样受地理环境和通信电缆的限制而实现开放性的通信。它给无线用户带来通信自由和灵活性的同时,也带来了诸多不安全因素。在无线通信网络中,所有的通信内容,如移动用户的通话信息、身份信息、位置信息等,都是通过无线信道传送的。无线信道是一个开放性信道,是利用无线电波进行传播的,任何个人和组织不需要申请就可以进行通信。在无线网络中的信号很容易受到拦截并被解码,只要具有适当的无线接收设备,就可以很容易实现无线窃听,而且很难被发现。无线窃听可以导致信息泄露,移动用户的身份信息和位置信息的泄露可以导致移动用户被无线跟踪。这对无线用户的信息安全、个人安全和个人隐私都构成了潜在的威胁。

在无线通信网络中,移动站与网络控制中心以及其他移动站之间不存在固定的物理连接,移动站必须通过无线信道传送用户的身份信息。由于无线信道信息传送过程可能被窃听,当攻击者截获到一个合法用户的身份信息时,他就可以利用这个信息来冒充该合法用户的身份入网,访问网络资源或者使用些收费通信服务等,这就是所谓的身份冒充攻击。另外,攻击者还可以假冒网络控制中心,冒充网络端基站来欺骗移动用户,以此手段获得移动用户的身份信息,从而冒充合法的移动用户身份。

2. 无线网络标准的安全漏洞

移动电子商务涉及很多无线网络标准,其中使用最广泛的是实现手机无线访问 Internet 的 WAP 标准和构建 WLAN(无线局域网)的 802.11 标准。WAP 中 WTLS(无线传输层)协议仅仅加密由 WAP 设备到 WAP 网关的数据,数据通过 SSL 传送至网关上有短暂的时间处于明文状态;802.11 标准使用的 WEP(无线等效协议)安全机制存在泄露且难以管理等缺陷;许多在跨越不同子网时往往不需要第二次的登录验证。这些缺陷容易造成数据拦截和窃取,给移动电子商务的应用带来了很大的安全隐患。

3. 移动终端的安全

移动终端的安全威胁比较复杂。移动终端因为体积小、重量轻便于随身携带和使用,但是另一个特有的威胁也就是容易丢失和被窃。因为没有建筑、门锁和看管保证的物理边界安全和其小的体积,无线设备很容易丢失和被盗窃。对个人来说,移动设备的丢失意味着别人将会看到电话上的数字证书,以及其他一些重要数据。利用存储的数据,拿到无线设备的人就可以访问企业内部网络,包括 Email 服务器和文件系统。目前手持移动设备最大的问题就是缺少对特定用户的实体认证机制。这势必造成安全影响,甚或安全威胁。更由于移动终端的持有者和网络终端的所有者一般情况下分属于不同的实体,因此,他们尽管都属于终端的范畴,但是他们所面临的安全威胁是不尽相同的。概括起来,移动终端的安全威胁主要包括如下方面:移动终端设备的物理安全;移动终端被攻击和数据破坏;SIM 卡被复制;RFID 被解密;在线终端容易被攻击。

(二)管理方面的安全威胁

1. 手机短信的安全管理

在移动通信给人们带来便利和效率的同时,也带来了很多烦恼,其中垃圾短信成为困扰用户的主要因素。他们一般通过非正常渠道获得一些发送手机短信价格十分低廉的短信卡,利用"短信猫"在短时间内向移动用户密集发送垃圾短信,这类短信显示的发送号码都是正常的 11 位手机号码,短信中诱惑性的文字可能会间接骗取用户的金融资料。垃圾短信使得人们对移动商务充满恐惧,不敢在网络上使用自己的移动设备从事商务活动。

目前还没有相关的法律法规来规范垃圾短信,运营商也只是在技术层面上来限制垃圾短信的群发。

2. 移动商务平台运营管理漏洞造成的安全威胁

随着移动商务的发展,移动商务平台林立。大量移动运营平台如何管理、如何进行安全等级划分、如何确保安全运营,还普遍缺少经验。移动商务平台设计和建设中做出的一些技术控制和程序控制的安全思考,急需要在运营实践中进行修正和完善,更需要把技术性安全措施和运营管理中的安全措施,交易中的安全警示和安全思考进行整合,以形成一个整合的、增值的移动商务安全运营和防御战略,确保使用者免受安全威胁。

3. 信息安全管理的标准化问题

目前移动商务产业正处于发展阶段,这个领域还没有国际标准。我国也没有自己的国家标准和统一管理机构。设备厂商在无线局域网设备安全性能的实现方式上各行其道,使得移动用户既不能获得真正等效于有线互联网的安全保证,也难以在保证通信安全的基础上实现互通互联和信息共享。由于没有安全标准的评测依据,又缺乏有关信息安全的管理法规,主管部门很难对信息安全标准做出规范要求。这也给移动电子商务信息安全的审查和管理工作带来了很大困难。

(三)软件病毒造成的安全威胁

自从世界上第一个针对 Symbian 操作系统的手机软件病毒出现,移动终端就面临了严峻的安全威胁。手机中的软件,嵌入式操作系统(固化在芯片中的操作系统,一般由 JAVA、C++等语言编写),相当于一个小型的智能处理器,所以会遭受病毒攻击。而且,短信也不只是简单的文字,其中包括手机铃声、图片等信息,都需要手机中的操作系统进行解释,然后显示给手机用户,手机病毒就是靠软件系统的漏洞来入侵手机的。

手机病毒是一种具有传染性、破坏性的手机程序,可用杀毒软件进行清除与查杀,也可以手动卸载。其可利用发送短信、彩信,电子邮件,浏览网站,下载铃声,蓝牙等方式进行传播,会导致用户手机死机、关机、个人资料被删、向外发送垃圾邮件泄露个人信息、自动拨打电话、发短(彩)信等进行恶意扣费,甚至会损毁 SIM 卡、芯片等硬件,导致使用者无法正常使用手机。手机病毒要传播和运行,必要条件是移动服务商要提供数据传输功能,而且手机需要支持 Java 等高级程序写入功能。许多具备上网及下载等功能的手机都可能会被手机病毒入侵。

(四)商家欺诈行为造成的安全威胁

在移动商务中,消费者只能通过图片和文字的简单说明去了解和判断产品,这就使消费者对商品的产地、规格、原材料来源、成分等真实情况缺乏全面、深入的了解。这种交易双方的信息不对称,现实中消费者购买的商品与广告的信息不符,这种虚假广告对消费者的欺诈行为,我国移动商务中的售后服务滞后,一旦消费者要向商家退货或索赔,商务网站需要提供该经营者的详细信息资料,但商务网站常常以商业秘密为由拒绝提供。

（五）移动商务应用主体缺乏安全思考面临的安全威胁

随着移动电子商务的发展，2G 向 3G、4G 的移植和提升，大量实测性项目进入试应用或试运营阶段。移动商务的应用会更加便捷，应用范围会进一步扩大。但是相当多的移动商务应用主体缺少安全防范意识，缺少安全使用意识。概括起来存在着"五个缺少"：缺少对移动终端的安全性使用、运营和管理意识；缺少进行移动商务运作中的安全性、警示性思考；缺少进行移动商务前的系统性安全教育；缺少前瞻性、安全性防范知识和防范措施；缺少对移动商务数据安全备份、恢复以及对非法入侵者的追踪、取证等法律思考。

二、移动商务的安全防范

（一）安全技术防范策略

1. 端到端策略

端到端在移动电子商务中意味着保护每个薄弱环节，确保数据从传输点到最后目的地之间完全的安全性，包括传输过程中的每个阶段。即找出每个薄弱环节并采取适当的安全性和私密性措施，以确保整个传输过程中的安全性并保护每条信道。移动电子商务带来了许多的设备，它们运行不同的操作系统且采用不同标准，因此安全性已经成为更加复杂的问题。公司需要实用的安全解决方案，这些解决方案应能够被快速简便地修改以便满足所有设备的要求，除此之外还要考虑全局。安全策略将对一系列商业问题产生影响，单独考虑安全性是远远不够的。实施 128 位鉴权码也非理想选择，因为程序太长会影响到用户使用的方便性。同样，性能、个性化、可扩展性及系统管理等问题都会对安全性产生影响，它们全是制订安全策略时必须考虑的因素。

2. 加强交易主体身份识别管理

贸易各方信息的完整性是电子商务应用的基础，影响到交易和经营策略。要保证网络上传输的信息不被篡改，预防对信息随意生成、修改和删除，防止数据传送中信息的丢失和重复并保证信息传送次序的统一。在移动商务的交易过程中通过强化主体资格的身份认证管理，保证每个用户的访问与授权的准确，实名身份认证解决方案的应用，可以增强移动商务交易的安全性，保证交易双方的利益不受到侵害。

3. 加强对病毒的防护技术的管理

（1）预防病毒技术，通过自身常驻系统内存，优先获取系统控制权，监视系统中是否有病毒，阻止计算机病毒进入计算机系统和对系统破坏。（2）检测病毒技术，通过对计算机病毒特征进行判断的侦测技术，如自身校验、关键字、文件长度变化。（3）消除病毒技术，通过对计算机病毒分析，开发出具有杀除病毒程序并恢复原文件的软件。另外要认真执行病毒定期清理制度，可以清除处于潜伏期的病毒，防止病毒突然爆发，使计算机始终处于良好工作状态。

（二）安全管理防范策略

1. 加强短信息服务的管理

治理不良手机短信是一个系统的工作，只有运营商短信服务商手机用户和政府共同参与，才能取得根本性的治理效果。首先要从准入环节加强管理，经营短信息服务业务，应当按照有关规定取得业务经营许可证，这也是加强短信息服务市场的重要举措之一。各政府部门应当密切配合，在各自职责权限范围内，对短信信息服务加强监管。特别是通信行业主管部门，应当通过制定必要的规则来明确相关各方的权利和义务，加强日常的监督管理，真正保护广大移动用户的合法权益，进而保证移动电子商务活动安全顺利进行。

2. 加快安全管理标准化进程

要尽快制定符合我国国情的安全标准，为移动商务的安全管理提供依据。我国的移动商务起步较晚，安全技术力量薄弱，因此可以参考借鉴国际信息安全标准化的先进经验，根据我国移动电子商务安全保障体系建设和信息安全标准化的需求，制定出适合我国国情的移动商务安全标准，为安全管理提供依据。移动电子商务安全主管部门要以安全标准化应用为主，加强对移动电子商务安全的组织领导，加大无线网络及信息安全标准的宣传贯彻实施力度，切实做好安全标准的推广应用和监督检查工作。同时由于信息安全的特殊性，国家必须强化信息安全标准的实施，保证我国信息安全标准的全面和有效落实。

3. 加强移动商务安全规范管理

为了保证移动商务的正常运作，安全运作，必须建立起移动商务的安全规范，必须加强移动商务的法制建设，必须提升移动商务主体的安全意识，必须营造移动商务的整体诚信意识、风险营销意识和安全交易意识。通过移动商务安全规范的建设，完善管理体制，优化交易环境，加强基础网络设施建设，提高整体的安全交易环境和服务质量，充分发挥法律法规在交易中的规范作用，建立整个交易过程的良性互动机制，促进移动商务的健康发展。

4. 完善相关法律和制度，规范产业发展，建构安全交易环境

移动电子商务是虚拟网络环境中的商务交易模式，较之传统交易模式更需要政策来规范其发展。有了法的保障，才能使交易的双方具有安全感，才能逐步转变用户固有的交易习惯，使其参与到方便快捷的移动电子商务模式中。国家应完善相关法律和制度，明确行业的发展策略和政策导向，为移动电子商务的发展提供公平竞争的环境，并保障各参与团体间的利益分配，从技术和资金等方面支持广大企业从事移动电子商务的业务开发。移动通信的安全性还应该通过各种方式进一步增强，有效地解决安全问题是移动电子商务所必须的，从而能更好地鼓励交易服务。目前正在开展对电子商务安全体系的研究工作，电子商务的安全体系已经慢慢发展成型。

综上所述，要实现移动电子商务的安全，单靠纯粹的技术防范是单薄无力的，安全管理策略的有效实施将使整个安全体系达到事半功倍的效果。只有技术和管理"双管齐下"，才能为移动电子商务系统构筑坚不可破的安全防线。

三、安全性发展蓝图

现在，很显然移动电子商务的安全性不仅是孤立地实施新的安全性控制技术。下面简要介绍一些主要步骤和成功因素，它们是规划和实施有效的移动电子商务安全性解决方案的关键。

（一）制定明确的目标

在规划安全战略时，了解商业目的、目标、关键成功因素以及目标实现对业务的影响。

（二）找出薄弱环节

1. 管理风险。判断并衡量商业风险，然后确定将这些风险减少到可接受的水平的安全要求及要采取的措施。

2. 获得高级管理人员的批准。获得管理人员对安全战略的承诺。确保他们认可、可接受的最低风险水平包含的因素，并支持确保风险不超过该界限所需的服务。

（三）制定计划

安全战略需要得到明确定义，构建和传达。制定安全要求、策略和流程，以避免不确定性和错误理解等风险。

（四）开发端到端的安全结构

开发新的安全结构，或者将新的移动电子商务控制集成到现有的信息技术（IT）结构中。确保有效预防所有威胁并有效保护所有薄弱环节。

（五）实施面向企业的安全解决方案

您需要选择、实施并配置安全技术，以达到您的安全策略和更广泛的移动电子商务战略的要求。

（六）测试并验证解决方案

根据各种威胁和情况评估端到端安全解决方案，并对解决方案进行相应的改进。新威胁随时都有可能出现，所以这是一项长期工作。

（七）确定审核周期

采用持续的安全和风险管理流程运行、管理并审计解决方案，以确保维持"保护级别"。

移动商务遇到的最大挑战便是找到具备适当技能的专家来实施、管理并演进其移动电子商务安全战略。已经成型的电子商务领域中已经出现了技术危机。找到并利用丰富经验和专业技术来解决移动电子商务的新挑战将是一项更加艰巨的工作。许多公司都将需要得到该领域专家的支持。但选择经验丰富、具备渊博的专业知识、采用业务驱动、方法得当的合作伙伴来支持您的商业战略中的关键领域是至关重要的。

2.3　移动商务的主要安全技术

移动商务的主要安全技术包括蓝牙技术、WVPN 技术和 WPKI 技术。

一、蓝牙技术的安全使用

蓝牙技术是一种短距离无线通信技术，它能够有效地简化掌上电脑、笔记本电脑、移动电话等移动终端之间的通信，也能够成功地简化以上这些设备与 Internet 之间的通信，从而使这些现代化通信设备与 Internet 之间的数据传输变得更加迅速高效。蓝牙技术的 3 种不同的安全模式分别是无安全模式、服务层加强安全模式和链路层加强安全模式，每一个蓝牙设备在特定的时候只能工作在一种安全模式下。蓝牙特殊利益组织（SIG）花了相当多的时间，开发出安全模式作为链路层的保护机制，例如 128 位元加密、装置认证以及授权等。若要达到最高的信任要求，应用开发商或者 IT 组织必须在链接层安全上增加应用安全，以便实现端到端的保护。蓝牙装置可以与经过认证的一方进行双边连接，或者永久性链接，这样一来，受信赖的一方就不需要每次都要经过认证流程。

二、WVPN 技术

WVPN（Wireless Virtual Private Network）即"无线虚拟专用网"，它可以在移动环境下接入企业的内联网提供安全保证。WVPN 能够实现端到端的连接，从用户的角度来看，端到端的 WVPN 连接提供了最佳的安全性能，数据在 WVPN 客户端进行加密，在 WVPN 服务器进行解密，数据在整个传递过程中部进行了加密处理。WVPN 是 VPN 中的高效简便和安全性与无线通信技术结合的产物，在移动电子商务上具有广泛的应用前景，它提供鉴权、保密性、完整性等方面的服务，提供了端到端的最好安全性的连接。

三、WPKI 技术

WPKI 即"无线公开密钥体系"，它是一套将互联网电子商务中 PKI（Public Key Infrastructure）安全机制引入无线网络环境中的遵循既定标准的密钥及证书管理平台体系，用它来管理在移动网络环境中使用的公开密钥和数字证书，有效建立安全和值得信赖的无线网络环境。WPKI 并不是一个全新的 PKI 标准，它是传统的 PKI 技术应用于无线环境的优化扩展。它采用了优化的 ECC 椭圆曲线加密和压缩的 X.509 数字证书。它同样采用证书管理公钥，通过第三方的可信任机构——认证中心（CA）验证用户的身份，从而实现信息的安全传输。

一个完整的 WPKI 系统必须具有以下部分：PKI 客户端、注册机构（RA）、认证机构（CA）和证书库以及应用接口等，其构建也将围绕着这五大系统进行。CA 作为数字证书的签发机构，是 WPKI 系统的核心，RA 提供用户和 CA 之间的一个接口，作为认证机构的一个校验者，在数字证书分发给请求者之前对证书进行验证，它捕获并认证用户的身份，向 CA 提供证书请求，认证处理的质量决定了证书中被设定的信任级别。一个完整的 WPKI 必须提供良好的应用接口系统，使各种各样的应用能够以安全、一致、可信的方式与 WPKI 交互,确保安全网络环境的完整性和易用性。

四、数字签名技术

数字签名是一种类似写在纸上的普通的物理签名,但是使用了公钥加密领域的技术实现,用于鉴别数字信息的方法。一套数字签名通常定义两种互补的运算,一个用于签名,另一个用于验证。数字签名不是指将你的签名扫描成数字图像,或者用触摸板获取的签名,更不是你的落款。数字签名的文件的完整性是很容易验证的,而且数字签名具有不可抵赖性。

简单地说,所谓数字签名就是附加在数据单元上的一些数据,或是对数据单元所作的密码变换。这种数据或变换允许数据单元的接收者用以确认数据单元的来源和数据单元的完整性并保护数据,防止被人进行伪造。它是对电子形式的信息进行签名的一种方法,一个签名信息能在一个通信网络中传输。基于公钥密码体制和私钥密码体制都可以获得数字签名,目前主要是基于公钥密码体制的数字签名,包括普通数字签名和特殊数字签名。

数字签名技术是不对称加密算法的典型应用。数字签名的应用过程是数据源发送方使用自己的私钥对数据校验和其他与数据内容有关的变量进行加密处理,完成对数据的合法“签名”,数据接收方则利用对方的公钥来解读收到的“数字签名”,并将解读结果用于对数据完整性的检验,以确保签名的合法性。数字签名技术是在网络系统虚拟环境中确认身份的重要技术,完全可以代替现实过程中的“亲笔签名”,在技术和法律上有保证。在公钥与私钥管理方面,数字签名应用与加密邮件 PGP 技术正好相反。在数字签名应用中,发送者的公钥可以很方便地得到,但他的私钥则需要严格保密。

数字签名主要的功能:保证信息传输的完整性、发送者身份认证、防止交易中的抵赖发生。

数字签名技术是将摘要信息用发送者的私钥加密,与原文一起传送给接收者。接收者只有用发送的公钥才能解密被加密的摘要信息,然后用 HASH 函数对收到的原文产生一个摘要信息,与解密的摘要信息对比。如果相同,则说明收到的信息是完整的,在传输过程中没有被修改,否则说明信息被修改过,因此数字签名能够验证信息的完整性。

数字签名是个加密的过程,数字签名验证是个解密的过程。具有数字签名功能的个人安全邮件证书的一种,是指单位用户收发电子邮件时采用证书机制保证安全所必须具备的证书。个人安全电子邮件证书是符合 X. 509 标准的数字安全证书,结合数字证书和 S/MIME 技术对普通电子邮件做加密和数字签名处理,确保电子邮件内容的安全性、机密性、发件人身份确认性和不可抵赖性。具有数字签名功能的个人安全邮件证书包括证书持有人的电子邮件地址、证书持有人的公钥、颁发者以及颁发者对该证书的签名。个人安全邮件证书功能的实现决定于用户使用的邮件系统是否支持相应功能。

任务 3   移动商务应用的认知

移动商务的前景非常诱人，其中一个重要的原因是由于移动商务具有非常丰富的应用内容。通过这些应用或者服务，用户可以获得前所未有的使用感受，并且极大地方便他们的工作、学习和生活。

能力目标

1. 能够了解移动商务应用的基本概念
2. 能够了解移动商务的应用种类
3. 能够了解移动商务应用的前景

知识内容

1. 移动商务应用的定义、特点
2. 移动商务应用的分类
3. 移动商务的几大应用，移动商务信息服务、移动定位服务、移动娱乐服务、移动商务的金融服务
4. 移动商务应用的发展

3.1   移动商务应用的内涵和特征

一、移动商务应用的内涵

移动商务应用是以移动通信技术及相关技术为支撑，利用移动数字终端（包括便携、手持数字设备），建立起相应的商务应用模型，直接进行的商务活动，或利用移动信息转移功能，依托网络化的商务平台，进行或完成的、多维的、跨行业的或跨国的商务实现活动。

二、移动商务应用的本质特征

移动商务应用是移动商务主体通过手机等移动终端在"动态"中进行应用和实现应用的行为，又是一种在"动态"中调动他人共同应用，或者整合相关商务资源参与应用或共同应用的行为。

移动商务中"动态"特征的作用：

1. 为商家"及时、有效"地布局决策、调动价值链、组合供应链；
2. 多方整合资源，赢得战机；
3. 为获取和赢得竞争奠定了基础，提供了可能；

4. 加快了资金的流转速度,对提高资金使用效率具有重要作用;

5. 既可以整合存量资源,又可以最有效地使用和调度增量资源。

三、移动商务应用的模型

在移动电子商务商业模型中,移动网络运营商起着战略性作用。在移动电子商务的各个参与者中,移动网络运营商维护着移动用户的个人数据,能很方便地得到用户的位置信息,同时也为用户建立了各种计费手段。其拥有的客户资源使他拥有用户的所有权和连接权,其他环节的企业不得不通过移动网络运营商向用户提供服务。因此,移动网络运营商在移动电子商务价值链中自然处于主导地位。

移动电子商务的商业模式视移动网络运营商扮演的角色不同而产生不同的运营模式。

(一)内容提供商模式

内容服务提供商模式在传统的形式上是指企业在网上通过第三方制造和提供数字化形式的产品而获得利润的商业运作模式。这是一种网络时代的新的商业模式,企业以较低的成本批量生产诸如信息、软件、音乐、电影等数字产品满足消费者需求,从而构成内容服务提供商。

在内容提供商模式中,移动运营商只提供网络基础设施,让消费者直接联系各种内容提供商或门户。此时移动运营商的收入来自其向消费者提供的无线连接。

(二)移动门户模型

在移动门户模型中,移动运营商可直接扮演门户角色,可以引导用户定位合适的服务提供商,同时可以让内容提供商找到用户。移动运营商可以作为提供商的前台终端直接向用户提供内容和服务。

(三)WAP 网关提供商模型

该模型可以看作 Internet 电子商务中应用程序服务提供商(ASP)模型的一个特例。在该模型中,企业向不想在 WAP 网关方面投资的企业提供 WAP 网关服务,其收益取决于双方所签订的服务协议。这种商业模型的实例有移动电邮。移动网络运营商可以提供 WAP 网关服务。

(四)服务提供商模型

企业直接或通过其他渠道向移动用户提供服务,其他渠道可能是移动门户、WAP 网关提供商或移动网络运营商。而企业所能提供的服务取决于其可以从内容提供商处获得的内容,如移动钱包。

3.2　移动商务信息服务

移动信息服务业是一种创新产业。移动信息服务的范围非常宽广,其应用正由通信服务向企业商务活动和业务管理领域发展。主要应用有移动搜索信息服务、移动门户信息服务、多语种移动信息服务、移动商务信息定制服务和移动图书馆信息服务等等。目前,手机搜索市场备受网络服务商重视。近些年来我国移动搜索市场随着手机用户的增长保持了高速的增长率,但从 2013 年起开始放缓。根据中国电子商务研究中心发布的《2014 上半年中国移动搜索市场研究报告》数据显示,截止 2014 上半年,中国移动搜索用户规模达到 4.67 亿,未来中国各大移动搜索应用用户规模的竞争将转移至用户搜索体验优化、产品功能创新、搜索生态布局的完善等方面。

一、移动搜索信息服务

移动搜索是指以移动设备为终端,进行对普遍互联网的搜索,从而实现高速、准确地获取信息资源。随着科技的高速发展,信息的迅速膨胀,手机已经成为了信息传递的主要设备之一。尤其是近年来手机技术的不断完善和功能的增加,利用手机上网也已成为一种获取信息资源的主流方式。2013 年 1 月,TechWeb 发布结果显示,百度移动搜索跻身 2012 年度最受欢迎十大移动应用。但移动搜索还只是 WEB 搜索的延续,没有突破性的技术和应用。而易观智库于 2014 年 1 月发布的对 2013 年移动搜索的监测数据显示,2013 年第四季度,百度在中国移动搜索市场份额占比达到了 72.1%。百度的移动搜索次数出现强势增长。2013 年宜搜、新搜狗,360 移动搜索起步,PC 端搜索市场的战局延伸到了移动端。百度的移动端产品,尤其是"百度"APP 在 2013 年的真正发力。除了传统的移动浏览器搜索框等合作方式,百度的搜索 APP 也完成了一个标志性的突破,百度公布数据称,2013"百度"APP 的用户数达到了 4 亿。特别是在升级到 5.0 版本之后,百度 APP 作为一个强入口的特性就显现出来:智能卡片浏览方式、便捷的查询服务,提供的不再仅仅是搜索,而是综合的信息服务。除此之外,百度有 14 个 APP 用户数过亿,背后都不同程度地依靠百度的移动搜索技术,是其移动搜索的护城河。

与桌面搜索的区别:

移动搜索更容易搜出本地的搜索结果,但还不能按照品牌和商店进行过滤搜索,因为绝大多数人用手机搜索兴趣点应该在本地信息上。

移动搜索用户与桌面搜索用户相比,对搜索结果的关注度较高,但由于屏幕所限,很少有用户使用下拉条,在移动搜索结果上排名第一与第四之间的点击率可能下降 90% 以上。

移动搜索结果很少使用过滤,搜索引擎会记录你的习惯,给出定制的搜索结果并展示其结果,点击率和跳出率是决定移动搜索结果排名的一个关键词因素。

移动搜索很少使用关键词,用户所处的"地点"是关键,而桌面搜索就宽泛得多,内容是通用的,地点也不是那么重要,因此,如果你要优化自己的手机网站,做地区优化是必不可少的,甚至需要你修改网站的地理位置信息。

二、移动图书馆信息服务

（一）移动图书馆的内涵

随着 3G、4G 技术的兴起和普及，移动图书馆也成为新兴的知识服务研究的重点。移动图书馆是指依托目前比较成熟的无线移动网络、国际互联网以及多媒体技术，使人们不受时间、地点和空间的限制，通过使用各种移动设备（如智能手机、掌上电脑、平板电脑、E-Book、Kindle、IPad、MP3/MD4、PSP 等）方便灵活地进行图书馆各类数据信息的查询、浏览与获取的一种新兴的图书馆信息提供服务模式。

移动图书馆与传统图书馆比较，有 4 个鲜明特点：

（1）无时空限制。移动图书馆打破了传统图书馆、数字图书馆地域及时间上的服务限制，所有图书馆读者均可借助无线网络，随时随地、随心所欲、轻而易举地通过手中的便携设备上网登录移动图书馆，访问图书馆馆内数字资源。

（2）方便快捷。移动图书馆是对图书馆管理系统、OPAC 系统、数字资源、一站式搜索系统、文献传递系统等应用系统服务的高度集成，因此，用户可以在移动终端上轻松地实现对数字资源的搜索、导航和获取；同时，移动图书馆的终端载体主要是手机、IPad 等手持移动设备，体积小、重量轻，携带方便。

（3）信息资源广泛。移动图书馆是传统图书馆的延伸，拥有海量的数字资源，涵盖了中外文图书、期刊、学位论文、会议论文、报纸等各个资源类，可以充分地弥补现有图书馆馆藏资源不足的现状。

（4）个性化服务。移动图书馆使用户具有更大的自主性和随意性，不再被动地接受信息或知识，用户只需通过设置个人空间与图书馆 OPAC 系统的对接，就可实现馆藏查询、续借、预约、挂失、到期提醒等自助式移动服务，并可以自由选择咨询问答、新闻发布、新书推荐、预约取书通知等信息交流功能。

（二）国外移动图书馆的服务功能

目前，很多国外图书馆已经敏锐地注意到移动信息技术将要给图书馆的服务方式带来革命性变化，因此早就开始了移动网络技术应用于图书馆信息服务的研究和探索，并力图将其融入更多读者用户的日常学习生活之中。

1. SMS 短信服务

移动图书馆短信息服务即通过短信收发功能，为读者提供短信提醒和参考咨询服务等。SMS 占用通道的时间短、费用小，使两个 GSM 用户可以方便地进行点对点通信。芬兰 Ponalifv 公司开发的 LibletTM 系统，应用到 Helsinki 技术大学图书馆，既能提供 SMS 短信服务，又能兼顾 WAP 及其他接入技术。芬兰国会图书馆开通的手机短信息服务，服务项目有续借、到期提醒、预约到书通知、咨询、读者反馈、每周阅读提示等，深受读者青睐。

2. WAP 网站服务

WAP（Wireless Application Protocol）是一种向移动终端提供互联网内容和先进增值服务的全球统一的开放式协议标准，是简化了的无线 Znternet 协议。美国南阿拉巴马大学图书馆的"无屋顶图书馆计划"使用 PDA 通过移动通信网检索图书馆资源,读者可以通过无线方式连接上图书馆的在线目录(OPAC)查询馆藏资料。英国汉普郡图书馆建起一个 WAP 网站,为 WAP 手机用户提供该郡 54 家图书馆的详细地址、联系方式、开放时间等信息服务,读者可以在汽车上、马路上通过手机查询离自己最近的图书馆的地址及是否有自己所需的图书。

3. OPAC 服务

OPAC:全称 Online Public Access,在图书馆学上被称作"联机公共目录查询系统"。通过 OPAC,读者可以利用万维网实现图书的查找、借阅、预订等功能,使读者的查询结果覆盖范围更大。但传统的 OPAC 系统必须在固定终端上使用,极大限制了其使用范围。移动 OPAC 的引入,融合了移动互联网方便随身的特点,为不能访问桌面网站的用户提供有价值的信息。国外许多图书馆都开发自己的 OPAC 移动版,并通过 Airpac 或 Worldcat Mobile 来实现。Virginia 大学图书馆建了一个有 2 100 本电子图书的电子文本中心,从刚建立的 21 个月的时间里下载达 850 万人次。目前国内已有许多图书馆引进了 OPAC 功能,并对其进行扩展,使其发挥更大的效用。例如:书生移动图书馆针对手持上网终端设备实现了唯一性认证的 DRM(Digital Rights Management)技术,使每一个读者的手持设备只能唯一访问,而不能随意传播自己的访问权限。

4. I-Mode 服务

I-Mode 是日本无线技术领导厂商 NTT DoCoMo 推出的一项基于无线通信网络的移动电话上网服务。其最大的改变在于计费模式,将原本以时间为主的计费方式,改变为以封包(下载量)为单位,如此大幅降低了读者的上网费用。日本富山大学图书馆以及东京大学图书馆都使用 I-Mode 技术分别开发了书目查询系统,用户可通过 I-Mode 方式登录查询馆藏书目信息,同时还可享受图书催还、续借通知等服务。此外,韩国的江西大学图书馆也采用了 I-Mode 模式向用户提供书目查询、在线预约等服务。

5. 移动语音导航服务

移动语音导航服务是让用户将语音导航免费下载到自己的 MP3 播放器或手机中,以帮助用户尽快熟悉图书馆的布局、结构功能与服务。杜克大学图书馆语音导航包括 10 部分内容,Southem California 提供的 Doheny Memorial LIbrary 语音导航包括 8 部分内容,哥伦比亚大学的 C. V. Starr East Asian 图书馆还提供了包括英语、汉语、韩语、日语及藏语等多种语言的语音导航。

由于移动网络技术等方面的原因,我国移动图书馆起步滞后于国外,无论是应用实践还是理论研究,与国外移动图书馆比较存在明显的差别。据有关调查统计结果显示,国内移动图书馆服务自 2000 年开始起步,2005 年开始进入集中发展阶段,高校图书馆和公共图书馆先后推出了短信服务和 WAP 服务等。2007 年以前,主要是以短信服务为主,2007 年以后随 WAP 服务逐渐兴起,与短信服务形成互为补充的格局。截止到 2013 年 5月,34 所"985"院校中有 30 所图书馆开通了移动图书馆服务,占总数的 88.24%;33 家省级图书馆(不包括台湾、香港、澳门图书馆)有 20 所开通了移动图书馆服务,占总数的60.6%。对于移动图书馆用户来说,移动终端可覆盖城乡所有的范围,只要移动终端设备可以登录网络(GPRS、WiFi、3G)等即可访问,无地域限制。

3.3　移动定位服务

移动定位服务又叫移动位置服务，指通过手机、PDA 等无线终端利用 GIS 技术、空间定位技术和网络通信技术，获取目标移动终端用户的准确位置信息（经纬度坐标数据）和方向相关信息，并在手机屏幕上的电子地图上显示出来的一种增值服务。

一、位置服务的操作原理

在移动通信网内提供位置服务，其基本的操作原理：首先在中心网络上专门设立一个处理定位查询的位置服务器（Location Server）；网络的任何终端或移动台（MS）相当于位置服务系统的客户机。如图 3.3.1 所示，网络移动台（MS）向网络发出位置请求（Position Request），LS 收到定位查询信号后，通过网络的定位系统确定目标移动台（Target MS）的正确位置，然后送出定位响应（Position Response）告知请求位置服务的终端。因此，移动位置服务是由通信网络计算出移动用户正确的位置，精确定位主要依赖于网络定位系统和测量组件，几乎各种定位系统都要利用多点交叉定位（Intersection）原理。

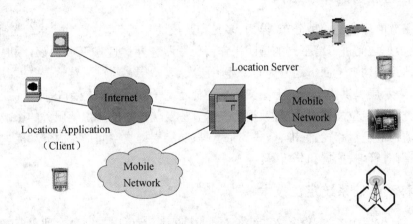

图 3.3.1　位置服务器与网络间的信号交换

（一）基于地面移动通信系统的多点交叉

Target MS 送出一个定位请求信号后，位于 Target MS 周围多个基站将在不同的时间收到来自 Target MS 的信号，基站计算信号从 Target MS 发出到达基站的时间，可以得到 Target MS 与基站间的距离。多个基站同时算出与 Target MS 相距的距离后，距离曲线间相互交叉的交点就是 Target MS 的正确位置。通常，地面上的 GSM 通信系统和 GPS 卫星导航系统，都必须至少由 3 个基站或卫星来定位。

（二）基于 GPS 卫星导航系统的多点交叉

GPS 卫星导航定位系统是由环绕地球上空的 24 颗定位卫星与许多地面监测站组成。每颗定位卫星随时间向地球发射包含与定位相关的电波信号，给地面上的 GPS 接收器提供校正位置，被定位的 Target MS 装有 GPS 接收器，地球表面上任何位置的 GPS 接收器同时至少能接收到 4 个以上卫星的信号。利用上述多点交叉定位原理确定 Target MS 的正确位置,定位系统必须要计算出 Target MS 与各个基站或卫星间的距离,同时还要求 Target MS 与基站或卫星间必须具备高度精确的时序同步。为了实现这一原理,在移动通信系统内要增设定位系统,或在网络上增加定位设备,或在 Target MS 终端设备上加入定位功能,或是两者同时加入改善定位。

若是定位系统的位置控制由网络决定(Network-Based),需要在实际的网络系统上安装位置测量单元(LMU:Location Measurement Unit)。LMU 可以位于基站或位置服务器内,LMU 内部包含非常精确的原子钟,负责测量 Target MS 发出的电波到达基站的时间,然后正确计算出基站与 Target MS 间的距离,计算出距离后就能准确地定位出 Target MS 的正确位置。若是定位系统的位置控制由 Target MS 决定(Terminal-Based),Target MS 负责计算基站或卫星与 Target MS 间的距离。理论上 Target MS 必须包含非常精确的原子钟,但考虑价格的原因,实际上 Target MS 采用 GPS 接收器实现精确定位。

二、位置服务的体系结构

位置服务的环境是一种分布、异构、多元和开放的移动环境,这就要求位置服务能在不同系统、数据之间进行跨平台的透明操作。位置服务同样遵守 ISO 协议,一般来说,位置服务的体系结构自上而下划分为 5 个逻辑层次:表示层、定位层、传输层、功能层和数据层。其中,表示层提供移动终端上图文信息的显示、操作及多媒体接口等;定位层的主要作用是研究移动定位的技术、位置数据的表示方法及定位精度对位置服务的影响;传输层定义数据通信的逻辑路径、标准、格式和带宽等;功能层提供空间信息服务功能;数据层对数据进行存储、管理、挖掘和分析等。

三、移动通信系统定位技术

目前实现位置服务,不论是 2G 网络还是 3G 网络,都可以归结为三种实现方法,详见图 3.3.2 所示。

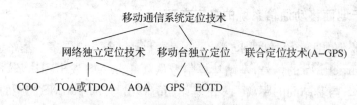

图 3.3.2 移动通信系统定位技术

(一)网络独立定位技术

1. COO(Cell of Origin)定位

COO 定位是一种最简单的定位技术,它直接以 Target MS 所在的蜂窝小区识别码(ID 号)为定位基准,显示出该识别码所在的区域,称为 COO 定位。COO 的定位精度取决于蜂窝小区的半径。COO 的最大优点是定位响应速度快(典型时间为 3s),若是现行的移动通信系统采用 COO 定位技术,通常不需要对现有的网络及移动台做任何的更改,可直接服务于现有的移动通信用户。若空旷地区的小区面积范围过大,COO 的定位精度就无法满足准确度的要求。因此,COO 定位技术主要适用于城市里小区面积很小的区域内。对于 GSM 移动通信系统来说,COO 仍然是一种实用性的定位技术。

COO 定位技术在 GSM 系统应用时有两种实现方法:基于网络的实现和基于 MS 的实现。前者系统的位置服务器从网元(如 MSC/VLR 或 SGSN)获得 Cell-ID,翻译成可以表示 Target MS 的经纬度坐标数据,这种实现方法无需改变 MS,只需对 MSC 交换机进行软件升级,就可实现位置服务。后者通过 MS 将其 Cell-ID 经 WAP 或 SMS 发给位置服务器,位置服务器将 Cell-ID 翻译成 Target MS 的经纬度坐标数据,这种实现方法无需对现有的 GSM 网做任何改动,只需在 MS 上增加相应的功能就可支持定位功能。

2. TOA(Time of Arrival)定位

TOA 是采用信号到达时间测量或信号到达时间差测量的定位技术。它通过测量从发射机传到多个接收机的信号传播时间或时间差来确定移动用户的位置,是一种基于电波传输时间的定位技术。TOA 通常要在 GSM 网络所有的基站上都装有 LMU 设备,所有的 LMU 都包含精确的原子钟作为定位的时序校对依据。从 Target MS 发出的信号传送到周围 3 个基站的 LMU 后,基站的 LMU 就能准确地计算出 Target MS 与基站间的距离,然后以多点交叉定位的方法,定位出 Target MS 的正确位置。GSM、窄带 CDMA 等网络中都有采用这种技术。TOA 的定位精度较高,但对时间基准的依赖性也较高。TOA 定位技术受多径干扰的影响较大,由于 CDMA 网络本身具有抗多径干扰能力,因此 CDMA 网络采用 TOA 定位技术的精度较高。

3. AOA(Time of Angle)定位

AOA 定位是测量信号到达的角度,通过测量两个以上发射站的信号到达移动接收机的角度来确定移动目标的位置。AOA 定位技术需要定向天线与之配合,它最早用于军事目标的测量,技术比较成熟,但精度较差,一般只作为辅助手段。

(二)移动台独立定位技术

1. GPS 定位

在 MS 内部加装 GPS 接收机模块,并将普通的 MS 天线替换能够接收 GPS 信号的多用途天线,MS 接收 GPS 数据进行计算,确定移动台的位置信息(包括经度、纬度、速度、时间、轨迹等参数),并将结果传送给 GSM 网络。这种定位技术需要对 MS 的软硬件进行改造,它的精度与 GPS 一样,为了保护个人的隐私权,不使用定位技术时,用户可以关掉 MS 的 GPS 功能。

2. EOTD(Enhanced Observed Time Difference)定位

EOTD 通过增强观察时间差来进行定位,它是针对 GSM 系统研制的定位系统,利用系统的同步信号与不同基站的信号到达接收机的时间差来实现定位。EOTD 是在 GSM 网络的基站和位置服务器内安装 LMU,LMU 内含精确的原子钟作为定位的校对依据。

EOTD定位技术的精度较高,欧洲目前主要采用这种技术。

（三）联合定位技术

联合定位即网络辅助GPS(A－GPS:Assisted GPS)。A－GPS使用固定位置GPS接收机获得MS的补充信息数据,辅助数据使移动用户接收机不必译码实际信息就可以进行定时测量。GSM网络接收卫星信号,由网络的位置服务器对MS计算出GPS辅助信息,如差分校正数据、卫星运行状态等信息,这些数据通过GSM网络传送给MS,并从数据库中查出MS的近似位置和小区所在的位置信息传给MS,MS可以很快捕捉到GPS信号。这种定位技术需要在MS内增加GPS接收机模块,并对MS的天线进行改造,其定位精度高于GPS的精度。目前美国的Qualcomm公司的GSPOne就采用A－GPS定位技术。

四、移动位置服务的发展情况

位置服务作为移动互联网应用的增值业务,各国的需求日益高涨,但是由于经济、文化背景不同,应用的侧重点也有所不同。

（一）国外位置服务市场

位置服务首先是从美国发展起来的,美国是全球最早提出移动定位业务概念的国家。1996年,美国联邦通信委员会(FCC)下达了无线电话服务的E911(紧急救助)必须能够定位呼叫者的指示。这一指示分为两个阶段:第一阶段要求定位精确度达到几公里内;第二阶段要求定位精确度在125米,并且成功率达到67%。目前美国的运营商把主要精力都放在了如何满足FCC提出的E911第二阶段要求上,对于提供商业化的移动定位业务暂时还没有顾及。

日本、韩国在移动位置服务的商用化方面处在全球的领先地位。日本的设备商和业务提供商已经开发出比较完善的、基于位置的位置服务基础设施。韩国政府也非常重视本国移动定位业务的发展,并且已将"手机定位业务"作为政府的重点产业。

欧洲各国在移动位置业务的商用化方面的情况仅次于亚洲,但是目前欧洲的各大运营商由于受到了3G投资上的影响,因此对于高精度的定位技术态度比较谨慎。

全球各大移动运营商目前纷纷在其2G或3G的网络中开展相应的移动定位业务,并积极筹备在4G网络中提供这项极具潜力的增值业务,基于位置的移动位置服务受到世人的瞩目。

（二）我国位置服务市场

中国的移动位置服务市场自2002年开始启动,2003年开始建设,2004年迎来建设的高峰,2005年是中国移动位置业务市场成熟并大发展的时期。中国联通于2002年底开始建设CDMA1X GPSOne定位系统,该定位系统基于对移动终端的定位,结合地理信息系统(GIS)地图数据,提供高精度的位置服务。目前联通位置服务系统经过二期扩容,定位能力已经覆盖全国20个省分公司。联通公司在建设位置服务本地接入子系统的同时,还同期进行了省分公司的自营 GIS 平台的建设工作。联通移动位置业务基于高通的 GPSOne 技术,定位精度为 10—100 米,定位平均时间为 20—30 秒,支持 WAP、BREW、WWW 等接入方式。同时,联通公司还大力发展和位置业务专业 SP 的合作工作,目前联通的位置服务伙伴有联通国脉、南方卫星、广东金中华、北大方正、北京森泰克等伙伴,并将提供多种个人业务以及行业应用。

中国电信 4G 试点新晋 24 个城市,2014 年 9 月 5 日起开售天翼 4G 套餐。在近期获准扩大 LTE 混合组网试验范围后,中国电信对外宣布新增 24 个试商用城市,大举进军 4G 网络时代。即日起中国电信在 24 个城市正式开放天翼 4G 套餐预约服务,期间用户可享靓号、乐享 4G 套餐及个人定制套餐等最低 5 折的优惠。9 月 5 日,4G 套餐在新增 24 个城市全面开售。

3.4　移动娱乐服务

目前,移动娱乐的需求可能是拉动移动商务应用普及最为可能的因素,越来越多的人会选择在移动环境中进行娱乐休闲。移动娱乐内容涵盖很广,包括:图铃下载、视频点播、移动电视、星象占卜、虚拟服务、音乐下载、在线游戏等。I-mode 的统计数据表明,娱乐是移动商务所有应用中最成功、利润最丰厚的业务,其中移动游戏就是非常受众的一种。随着手机的日渐普及,手机游戏已经成为整个视频游戏领域发展速度最快的部分。

移动娱乐服务的内容与形式:

1. 沟通服务:短信息、电子邮件、聊天室、移动 QQ 等。
2. 信息服务:短信、彩信、电子邮件等。
3. 纯娱乐服务:移动游戏、移动音乐、手机电视等。
4. GPS 服务:方位追踪等。

一、移动游戏

(一)移动游戏的产生

(1)市场需求:用户对电子游戏网络化和游戏终端移动化的需求催生了移动游戏。

(2)技术推动:移动通信网络的数据承载能力的提高使移动游戏成为可能。

(3)市场运作:移动通信运营商为推动数据业务的发展,增加用户对移动网络的使用,加强了与各种内容服务提供商的合作。

(二)移动游戏定义

移动游戏是指将移动终端产品与游戏产品相结合,为消费者提供方便、易携带(移动)的游戏服务。移动游戏的特征包括便携性、网络性、可定位性、商务价值明显以及群众性。

按照移动终端的不同类型,移动游戏的定义可分为广义与狭义两种。

(1)广义的移动游戏

凡是能在移动过程中进行游戏的服务均可称为移动游戏。目前市场中的掌机、

PDA、游戏手机等均可享受广义的移动游戏服务。

（2）狭义的移动游戏

狭义的移动游戏主要是指与移动通信终端相结合的游戏服务。目前市场上的移动终端包括：手机、PDA 和专用移动游戏终端。

移动游戏的分类：

1. 按手机平台分类

手机游戏按手机平台分类，可分为 JAVA、Brew、UniJa、Symbian、Smartphone 等几种手机游戏。

2. 游戏按表现形式分类

手机游戏按表现形式分类，可分为文字游戏与图形游戏。其中，文字游戏又有短信游戏、彩信游戏、WAP 游戏。而图形游戏则以 Java 游戏、Brew 游戏为主。

3. 游戏按内容分类

手机游戏按内容分类，可分为文字游戏、动作冒险类、格斗类、射击类、体育竞技类、益智类、棋牌类、角色扮演类、策略类。

（1）嵌入式游戏：手机中自带的游戏，如贪吃蛇。

（2）短信游戏：多媒体短信游戏、短信猜谜、机智问答等（吸引力来自游戏内容本身，画面过于简单，缺乏视觉吸引力）。

（3）WAP 游戏：根据 WAP 浏览器浏览到页面上的提示，通过各种不同的选项的方法进行游戏。

（4）JAVA 游戏：基于 K-java 程序语言开发的手机游戏，有较强的交互娱乐性，并支持任意下载和删除。

（5）BREW 游戏：BREW 程序开发语言，支持 BREW 语言的手机。J2ME/BREW 游戏：设计精美，有吸引力；下载流量大。

（三）移动游戏的运营模式

如表 3.4.1 所示为移动游戏的运营模式。

表 3.4.1　移动游戏的运营模式

业务模式类型	业务模式特点
运营商中心型	运营商完全控制游戏内容的开发和营销推广，游戏内容被商品化
内容提供商中心型	运营商起到了传递游戏内容的管道作用
收入共享型	价值链参与者通过内容的有效货币比而获得收入份额

（四）移动游戏的发展

1. 传统的手机网游

传统的手机网络游戏一般都是以棋牌为主，通过一些软件公司出品的客户端平台，进行下载游戏，然后通过平台进行娱乐。而后推出的网络游戏基本都是，先下载客户端，然后通过客户端进行游戏,大部分都是以武侠回合制为主,此类游戏对游戏的画面要求较低,对手机的配置要求也相对较低一些,如果说手机的单机游戏画面华丽,那么手机的移动客户端网游就是单机游戏的简单版,而国外的手机网络游戏,比如 Gameloft、暴雪、EA,这样的专业游戏出品公司的产品,画面较为精致、华丽,网络游戏与单机游戏相差无几,所以说,国产的手机网络游戏玩家相比国外较为少一些。

2. 现在的手机网游

现在的国内手机网游制作公司所出品的游戏,有很多已经脱离了传统的回合制游戏,出现了 RTS(RTS,Real-Time Strategy 即时战略)游戏,这种相对过去较为新潮的游戏方式大大吸引了更多的手机网游用户,同时,这种游戏方式对网络流量的需求也有所提高,手机屏幕上所显示的动态影像都是依靠图片传输的,而且,此类游戏的网络客户端也较为庞大,所以对手机配置的需求也再度增高,从而,有很多手机配置相对较低的用户无法玩这种 RTS 游戏,所以移动互联网游戏的用户又减少了一部分。

3. 未来的手机网游

由于现在的手机网游客户端过于庞大,占用手机大量内存,很多手机无法应用下载,所以依靠移动互联网游戏发展的公司又失去了很多用户,未来的手机网游客户端应采取云端(云端 是一个小软件,同时又是一个大平台。安装云端之后,使用其他软件时不再需要安装——一点、下载、直接使用;并且,通过虚拟化的运行环境,能够保持系统长久的干净、绿色,并保持软件与系统的安全隔离——此方面类似沙盒),这样,不但节省了大部分手机相对低端的用户对于游戏的需要,而且节省了手机的很多内存,游戏画面也会有很大的提高。

二、移动音乐

移动音乐是一种源自美国的新兴音乐形式,指为不同听觉环境下的听众专门制作的音乐。听众可根据喜好、心情、环境、气氛等因素来选择,是一种个性化很鲜明的音乐形式。

移动音乐是人类社会活动的产物,在起源之初,移动音乐只是分布在不用用户的媒体播放器里的一首首歌曲,这些播放器里又各自存放着用户自己喜爱的音乐,同时朋友之间也会彼此交流,这个时期的发展还比较局限。直至后来网络的发展壮大,美国一大学的学生制作了一个专门共享音乐的网站并发布在校园网络上,结果大受欢迎。在后来逐渐发展成集百家之长的音乐形式。

随着这种新的音乐形式的迅速发展,以及人们对高品质音乐的追求,移动音乐在兼具人性化的同时,也在向高品质化的方向发展,并在其中加入新的听觉效果,如杜比环绕。现在已有专门的音乐工作室制作这一类音乐,适合于不同时段、不同场景中欣赏,故也可将其理解为"心情音乐"、"环境音乐"。

移动音乐除了与传统音乐一样具备娱乐性、分享性等特征外,还具备以下特征:快速传播性、可选择性、创作主体多元化,平民主动性增强、内容丰富、形式多样、直接面向用户、为反盗版提供保障。

1. 无线音乐搜索引擎

如图 3.4.1 所示为无线音乐搜索引擎。

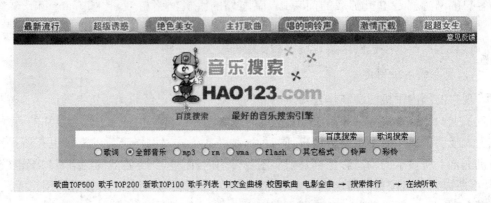

图 3.4.1　无线音乐搜索引擎

2. 手机音乐彩铃

彩铃(个性化回铃音)业务是一项由被叫客户定制,为主叫客户提供一段音乐歌曲或其他录音来替代普通回铃音的业务。客户申请开通彩铃业务之后,可以自行设定个性化回铃音,当其被叫时,为主叫客户播放个性化定制的音乐歌曲或其他录音,来代替回铃音。

3. 数字音乐

数字音乐是用数字格式存储的,可以通过网络来传输的音乐。无论被下载、复制、播放多少遍,其品质都不会发生变化。目前,数字音乐产业已经确立了它在我国数字内容产业中的重要地位,传统音乐产业、电信运营企业和数字技术新贵们争相进入这一领域,一批具有一定规模、拥有各自竞争优势的代表性企业相继涌现,对在中国市场条件下发展数字音乐产业进行了大量的探索和尝试。

数字音乐的特点:

(1) 技术性

数字音乐创作是音乐技术能力和音乐创造能力的集中体现。进行数字音乐创作需要具备一定的数字设备和软件的技术操作能力。多媒体艺术中的数字音乐有先进的数字技术做后盾,在专业音乐领域和大众音乐领域中彰显着鲜明的个性。多媒体艺术中的数字音乐利用数字化的技术来完成音乐创作,这样就使一般的音乐进入特殊的状态中。它不仅具备一般音乐的普遍特征,而且在表现手法和形式构成上具有一些特殊的技术特征。

数字技术手段的运用,使多媒体艺术中的数字音乐在形式结构上除了一般音乐常见的具象、抽象等形式外,还产生了意象、重构、空间等多种形式。随着多媒体设备和数字技术的不断进步和完善,音乐创作者可以运用设备和技术将自己的艺术思维进行延伸,按照自己的意愿构建和修改自己的音乐作品,多元化地进行艺术创造。在数字音乐的创作与制作过程中,从音乐材料的获取、音乐参数的设定到音乐作品的传播等,都充分体现了多媒体艺术以计算机技术为核心的数字技术性特点。

（2）即时性

音响效果是多媒体艺术中数字音乐的现实呈现方式,音响效果的好坏直接决定了数字音乐创作的成败。数字音乐的录入、设置和调试在数字技术的支撑下,音响效果具有了超乎想象的即时性。音响效果的即时性主要体现在三个方面。一是指数字音乐创作时,作者在脑海中出现的灵感可以通过触摸电脑键盘或是 MIDI 键盘直接输入电脑软件,即时就可以听到音乐,同时乐谱也能即时呈现出来,便于作者感受和修改。二是指进行数字音乐创作时,作者的创作意图可以通过输入乐谱的形式,把视觉信息转换为听觉信息,并即时听到音响效果。三是指作者对数字音乐作品进行编辑的时候,可以通过软件功能对音乐的音量、声响、混响等进行设置,通过对音乐参数的设置可以即时得到不同的音响效果,便于作者进行调试。

（3）准确性

数字音乐的再现是指将包括旋律、节奏、节拍、速度、力度、调式、调性、和声、音区、音色、强弱、长短在内的诸多音乐要素通过声音表现出来。在传统音乐中,音乐要素的再现主要是靠演唱者和演奏者根据乐谱和自己对音乐作品的理解进行二度创作来实现的。由于个别差异性和不确定性,音乐作品的本意通常很难按照作者的意图进行准确演绎。而在多媒体艺术作品中,数字音乐要素按照一定的规则和习惯组合为一个整体,并通过数字化的技术手段将音乐各要素进行准确再现,正确地表达音乐创作者的意图,与其他多媒体元素一起,共同体现多媒体艺术作品的思想内容,并绽放独特的艺术魅力。

旋律是塑造音乐形象最主要的手段。旋律中出现的一些装饰音、变化音和表情记号等常用记号是经常容易被忽视的,而这些音乐元素恰恰是作者音乐意图的特点所在。

数字技术的机械性,使数字音乐常用记号以及节奏、节拍等方面具有了近乎完美的准确性。同时,音乐作品的快慢和强弱变化对音乐形象的塑造也起着很重要的作用,只有按照规定的速度和力度再现音乐,才能准确地表达出作品所要表现的思想感情。数字音乐中数字技术的运用,使音乐创作中速度和力度的计量单位能精确到很小的位数,并可即时进行调整,使音乐创作者的意图得到了准确的表达。

（4）拓展性

数字音乐和一般音乐一样,包括音色和音区等元素。音色是不同人声、乐器及组合在音响上的特点,通过音色的对比和变化,可以丰富和加强音乐的表现力。音区体现了音调的高低范围,不同音区的音在表达作品的思想感情时有着不同的特点和功能。传统音乐创作时,要考虑到演唱者和演奏者自身嗓音条件和演奏水平,因此音区和音色的选择会有所受限。而在多媒体艺术数字音乐创作中,由于数字技术的运用,在音区的拓展、音色的选择、速度的表现上,使一些依靠人的演奏和演唱不可能实现的音乐变成了可能,音区和音色的表现不再是问题。数字音乐制作还可以利用音色包括技术对发音体的参数,通过拉伸、逆行、循环技术、混响、延时、调频、调幅、均衡、放大、缩小等技术手段进行调整,使其在音质、相位、空间布局等方面有所改变,创作出具有原创性音色的音乐,使多媒体作品中数字音乐元素得到了广泛的拓展。

（5）便捷性

数字音乐制作是指运用数字化的手段进行音乐创作和编辑，数字技术的运用使数字音乐制作具备了很强的便捷性。采用数字化的手段进行音乐制作使会操作电脑的人能够实现写作音乐的梦想。各种数字音乐软件的开发，界面越来越人性化，操作越来越简单化，传播也越来越普及化。不同的调式、调性使音乐语言具有了鲜明的风格特点。在数字音乐制作时，只要作品创作初期设置好作品的调式调性，音乐创作过程中的各种素材和循环即自动跟随作品的调式调性，使音乐风格得到了统一。而和声这类专业性很强的音乐专业知识，运用数字技术后，作者只需轻点鼠标，电脑就能快速帮助完成，使原创音乐的实现具备了可能。

多媒体艺术作品中的数字音乐制作，包含了动漫作品以及一些娱乐节目、广告作品经常要使用的音乐。这些多媒体艺术作品中的音乐经常是运用数字技术将素材库里的音乐素材进行简单剪辑后使用，或者使用数字音乐软件自带的一些音乐循环进行组合编辑，从而合成新的原创性音乐。数字音乐制作的便捷为多媒体艺术作品视听效果的结合提供了更多的可能。

目前，多媒体艺术已经被广泛地应用于社会各个方面，多媒体艺术中数字音乐的技术性、即时性、准确性、拓展性、便捷性也逐渐地被人们所认识。我们要对多媒体艺术中的数字音乐进一步深入研究，使多媒体艺术作品在视听结合上实现更为完美的声色合一。

除了以上三种形式外，还有移动音乐会、移动音乐平台和移动音乐门户等，提供了多种方式共享音乐。

三、移动电视

移动电视是指在公共汽车等可移动物体内，通过电视终端移动地收看电视节目的一种技术或应用。

手机移动电视是指以具有操作系统和视频功能的智能手机为终端设备，收看电视内容的一项技术或应用，属于流媒体服务的一种。

目前移动电视播出的节目包括新闻、休闲、资讯三大类。在未来 3 年至 5 年内，移动电视还将覆盖铁路列车、公路客车、城市地铁、出租车和私家车以及城市人流集散点等领域。移动电视拥有得天独厚的覆盖范围优势。移动数字电视广告因其受众面广、接触频率高、消费比高的特点，其未来应该具有巨大的产业发展潜力。由此可见，移动电视具有巨大的商业价值。随着移动电视的功能逐步完善和全国大力推广，它将至少占据全国300 多亿人民币的广告市场份额。

（一）移动电视的产业链结构

移动电视的产业链结构如图 3.4.2 所示，主要由运营商、内容提供商、广告商、设备提供商和传输平台等组成，其中运营商处于核心位置。

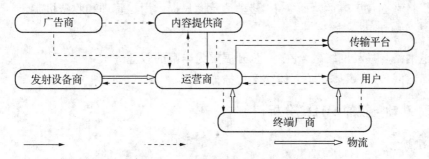

图 3.4.2 移动电视的产业链结构

移动电视的内容供应商目前主要还是当地的电视台,由于电视台往往是移动电视的运营方或营运方的主要合作者,因此内容供应的收费很低,很多情况下甚至是免费的。内容供应商也可以通过为广告商制作软广告节目来获得收益。

移动电视的设备提供商可以分为发射设备提供商和终端设备提供商,其中发射设备提供商的销售对象只是移动电视运营商,而终端设备提供商的销售对象除了移动电视运营商以外,还可能销售给对移动电视感兴趣的商务车主和私家车主。

移动电视的受众主要是各大城市和中心城市的社会财富主要创造者,也是社会的主流人群,具有受众面广、总体购买力强的特点,是绝大多数广告商争取的对象。通过近一两年的移动电视实践,可以发现移动电视对移动人群有很强的吸引力。

(二)移动电视的运营模式

1. 以无线移动通信技术为基础,移动运营商主导的商业模式

移动运营商采用流媒体技术,即"流媒体技术支撑下的手机电视"。用户可以通过点播或下载的方式收看手机电视内容,移动运营商和用户建立"最后一公里"的关系。

移动运营商主导运营平台,产业链的主导权将掌握在移动运营商手中,广电部门或其他节目制作公司作为一个 CP(内容提供商)与其合作。

移动运营商主要通过向用户收取电视内容使用费和向广告投放厂商收费获得收益,广电部门与其他节目公司通过与移动运营商分成方式获得收益。

移动运营商主导下的手机电视商业模式,是目前"SP(服务提供商)+运营商"合作模式的一种延伸,用户通过移动通信运营商的网络定制由 CP 提供的节目内容。这种模式的赢利方式与现在各种数据业务的赢利方式类似。目前,在国内提供内容服务的 CP 都需经过国家广电总局的审核批准。

2. 以数字无线广播技术为基础,广电运营商主导的商业模式

广电运营商采用数字广播技术,即"地面数字广播或卫星数字广播支撑下的手机电视",在业务上把手机电视视为移动多媒体业务的一种;在收视方式上,用户通过直播方式收看手机电视内容,广电部门与用户建立"最后一公里"的关系。

在这一模式下,广电部门主导运营平台,把手机作为移动电视的一种接收终端;在接收终端上强调终端的"移动性",只要终端上配置有独立的电视接受装置,即可进行接收。在这里手机虽是重点,但也只是其"移动终端"布局中的载体之一。在这一模式下,产业链

的主导权将掌握在广电运营商手中,移动运营商只提供用户管理和收费机制。

3. 合作运营模式

广电网络与移动网络融合在一起,开展更为丰富的服务。"广播式下传(卫星＋地面)＋移动通信回传(流媒体)"的立体交叉传播方式。

(三)移动电视的 SWOT 分析

1. 优势

(1)系统稳定性较好,费用相对低:移动电视是新型的传媒形式,不需要像传统电视媒介那样有大量的资金投入和技术支持,移动电视的运营成本、制作成本等都是相对很低的,这是它的魅力所在。

(2)信号覆盖面广。

(3)数字科技优势:更高的传输速率并支持群发机制,更大的传输带宽,稳定的传输质量。

(4)受众广而精:移动电视的受众主要是各城市中那些上班一族,还有那些奔波在各地的人士,以及各个公共机构的人员等,所以移动电视的受众较其他媒介相比,受众更广,更加具有针对性,是一个比较明确性的媒体。

(5)灵活多变:移动电视具有"短、频、快"的新闻传播优势,信息覆盖面大。

2. 劣势

虽然移动电视有很多明显的特色优点,但是移动电视本身的出现也必然注定了它的不足,就像那些传统产业一样,移动电视也有着自身的局限性,但并不是说知道局限性就不去积极地避免,而是以一种更主动的态度去对待,因为任何一个媒介形式都是这样走过来的,这是矛盾的两个方面,共同存在,互为补充。

(1)移动电视自身传播效果存在不足:移动电视由于在一些技术和非技术层面,还有不足之处。移动电视的传播信号没有传统媒介那样好,尽管理论上说,移动电视能够在一些不确定的干扰因素下也能接收到清晰画面,但实际上并非如此。

(2)移动电视传播内容的量少和重复性:移动电视运营商在内容制作方面有着严重的不足,内容的单一性、重复性、时效性等都是移动电视不足的地方。

3. 机会与威胁

移动电视的威胁,首先来自各类型的业务,一般地说,用户使用了一种宽带接入模式,会有一种习惯定式,一旦成为惯性消费,便轻易不会改变,这势必加大移动电视的进入壁垒;其次来自竞争者,与有线电视网、有线电话网和以太网技术路线为代表的众多运营商相比,移动电视进入市场的难度变大。

3.5　移动商务的金融服务

移动金融是指使用移动智能终端及无线互联技术处理金融企业内部管理及对外产品服务的解决方案。

在这里移动终端泛指以智能手机为代表的各类移动设备,其中智能手机、平板电脑和无线 POS 机目前应用范围较广。

移动金融应用是移动商务应用中最为重要的一种,它又可包含若干应用,如移动银行、经纪人业务、移动资金转移业务和移动小额支付业务等。移动金融应用将移动终端从单纯的通信工具变为了一种商务工具。

一、移动银行

随着网络以及计算机、手机应用的发展,移动银行的概念与人们的生活更加贴近。简单地说,移动银行就是以手机、PDA 等移动终端作为银行业务平台中的客户端来完成某些银行业务。移动银行是典型的移动商务应用。它的开通大大加强了移动通信公司及银行的竞争实力。

移动银行的优势:

1. 只需用较少投资,便可以方便迅速地实现营业网点银行业务的延伸和扩展;

2. 可以根据特殊用户的要求,实现真正上门或 24 小时随叫随到,为客户提供全方位的金融服务;

3. 具有明显的广告效益,增加银行的信誉度和知名度,树立更好的企业形象,增加行业竞争力;

4. 能在银行的某个网点遭遇突发性通信网络中断时,作为储蓄所、分理处的应急备份手段,保证该地区业务的继续;

5. 可灵活配置银行服务项目,降低运营成本,减少人员配置,提高服务效率,增加效益等。

二、移动支付

移动支付(简称 Mobile Payment)是使用移动终端:手机、掌上电脑、笔记本电脑等现代通信工具,通过移动支付平台移动商务主体在动态中完成的一种支付行为,或对网上支付行为进行手机确认后,再行实现在线支付的一种新型的支付活动。

移动小额支付的基本特征:

1. 交易额小,同宏支付相比,小额支付的交易额非常小,每一笔交易在 10 美元以下。

2. 安全性,手机终端分阶段的实施安全加密。

3. 效率,由于小额支付交易频繁,所以要求较高的处理效率。在实际应用中,可在安全性和效率之间寻求平衡。

4. 应用相关性,在不同的环境和不同的应用中,对小额支付的要求也不一样,如在无线通信环境中应尽量减少支付过程中的信息交互次数,对譬如手机、PDA 等具有有限计算能力的设备,则应尽量减少其计算消耗等。

5. 全程可控性,小额支付业务要求全程业务可控。

小额支付可以通过多种途径实施。一种方式是用户可以拨打一个固定号码,由此产生的话费与购买的商品价格相当,这种方式已经由一家芬兰公司 SON—ERA 在销售可口可乐和百事可乐的自动售货机上使用。另外一种小额支付的方法是通过向银行、服务提供商或信用卡公司购买一个预付费号码,通过无线局域网技术完成支付过程。为了支持这种交易,移动服务提供商将会与银行竞争,并可能会最终取代银行、自动取款机和信用卡。移动小额支付业务移动金融实际商用仍有很多问题需要解决,其中最为棘手的是,移动小额支付的成本由谁承担和移动运营商如何从这种小额支付中盈利。解决的办法可能是,服务提供商可以要求用户预付款项从中牟利,或随着用户和交易的增加,小额支付的成本会大幅降低,或者服务提供商可以按增值服务收取服务费。

移动支付发展可大致分为三个阶段,分别为移动互联网远程支付、O2O 电子商务支付以及近场 NFC 支付。近场 NFC 支付终将成为移动支付发展的终极状态。

3.6 移动商务应用展望

近几年来,在全面服务大众用户的同时,致力于转型的移动运营企业以服务行业信息化为己任,充分发挥自身网络技术优势,不断加快业务创新步伐,将移动行业应用拓展到了政务、公安、交通、金融、电力、工商、农业、教育等领域,有力地推动了行业信息化进程。当前,我国移动行业应用正在由点到面逐步展开,并呈现出规模化发展的态势。

展望未来,移动行业应用面临良好的发展机遇。未来一个时期,我国社会经济的持续稳定增长和社会信息化的全面推进,将给移动行业应用提供更加广阔的空间。特别是步入 3G 时代后,移动行业应用会加速向社会生活的各个领域渗透,其普及的深度和广度将得到进一步拓展。同时,随着通信技术的不断发展和网络的演进,公众移动通信网将与各种宽带无线技术及短距离无线技术加速融合,一些新型的无线应用将应运而生,"人与物"、"物与物"之间的通信将全面崛起。面向更远的未来,我们将逐步迈进一个网络和应用"无所不在"的移动信息化社会。

一、移动商务的应用前提

移动商务作为一种新型的电子商务方式,是对传统电子商务的有益补充和扩展。相对于传统的电子商务而言,移动商务可以真正使任何人在任何时间、任何地点得到整个网络的信息和服务。在成熟的移动商务应用的国家,人们可以通过手机了解交通工具的班次,查阅影院的放映内容和售票情况,并可以根据手机屏幕上显示的影院座位图来选择座位。股民也可以随时随地通过手机了解股市行情,进行股票交易。外出旅游的人可以通过发短信的方式预定手机服务内容,有关信息被自动输入专用监控系统后,用户就能在预定日期内收到指定目的地的天气预报。移动商务的优势首先在于它的无所不在。通过移动通信设备,企业所提供的内容可在任何时间、任何地点到达顾客手中。移动商务创造更高效、更准确的信息互动。其次是它的便利性。移动通信设备便于携带,为移动商务开拓了更大自由度的商务环境。可以随时随地从事公司活动,通过移动通信设备进行交易或取得资讯。第三是移动商务的个性化。移动商务的应用能够达到个性化,呈现所需的资讯或提供所需的服务给特定的使用者。

(一)信息化为移动商务提供了基础

我国政府在对信息化的促进政策和自身在采用新技术的带头作用,为移动商务市场提供了保障。我国政府在促进企业移动商务的发展上发挥着重要作用。

（二）商务活动的频繁为移动商务提供了需求

目前在我国，客户对移动商务的了解较少，在被调查的所有企业中，有 50％没有听说过移动商务的概念，而余下的那些对此有些了解的客户，又难以理解该方案能够给企业带来的好处。因此，有必要对客户进行市场教育，以帮助他们采用移动解决方案。在我国的金融业、运输、物流以及零售等增长率高且竞争力强的行业中，很多公司正在采用移动解决方案来提高他们的运营效率和财务业绩。

二、移动商务的应用展望

（一）企业应用将成为移动商务领域的热点

做互联网行业的都深有体会，面向 B 用户（企业用户）的服务和应用是可以快速赚钱的业务，但一般来说成长性不会特别大，不会呈几何级数；而面向 C 用户（个人用户）的服务和应用则正好相反，虽然不能很快赚到钱，但只要业务对路，再加上点狗屎运，则很有可能做成一个大生意，甚至是伟大的生意。同理，移动商务的快速发展，必须是基于企业应用的成熟。企业应用的稳定性强、消费力大，这些特点是个人用户无法与之比拟的。而移动商务的业务范畴中，有许多业务类型可以让企业用户在收入和提高工作效率上得到很大帮助。企业应用的快速发展，将会成为推动移动商务的最主要力量之一。

（二）获取信息将成为移动商务的主要应用

在移动商务中，虽然主要目的是交易，但是实际上在业务使用过程当中，信息的获取对于带动交易的发生或是间接引起交易是有非常大的作用的，比如，用户可以利用手机，通过信息、邮件、标签读取等方式，获取股票行情、天气、旅行路线、电影、航班、音乐、游戏等各种内容业务的信息，而在这些信息的引导下，有助于诱导客户进行电子商务的业务交易活动。因此，获取信息将成为各大移动商务服务商初期考虑的重点。

（三）安全问题仍将是移动商务中的机会

由于移动商务依赖于安全性较差的无线通信网络，因此安全性是移动商务中需要重点考虑的因素。和基于 PC 终端的电子商务相比，移动商务终端运算能力和存储容量更加不足，如何保证电子交易过程的安全，成了大家最为关心的问题。

在这样的大环境下，有关安全性的标准制定和相应法律出台也将成为趋势。同时，相关的供应商和服务商也就大行其道。

（四）移动终端的机会

移动终端也是一个老生常谈的话题。移动商务中的信息获取、交易等问题都和终端切切相关。终端的发展机会在于，不仅要带动移动商务上的新风尚，还对价值链上的各方合作是否顺利，对业务开展有着至关重要的影响。

随着终端技术的发展，终端的功能越来越多，而且考虑人性化设计的方面也越来越全面,比如显示屏比过去有了很大的进步,而一些涉及商品图片信息显示的网上交易,可以实现更加接近传统 PC 互联网上的界面显示。又如智能终端的逐渐普及或成为主流终端,如此一来,手机更升级成为小型 PC,虽然两者不会完全一致,也不会被替代,但是手机可以实现的功能越来越多,对于一些移动电子商务业务的进行,也更加便利而又不失随身携带的特点。以后终端产品融合趋势会愈加明显,你很难清楚界定手上这个机器是手机还是电子书还是 MP4,在你手上它就是一个有应用价值的终端,就看消费者的需求方向。

(五)移动商务将与无线广告捆绑前进

在过去的发展过程中,移动商务与无线广告有些割裂,其实这是两条腿走路的事情,二者是相辅相承的,任何一方的发展都离不开另外一方的发展。二者的完美结合,就是无线营销的康庄大道。

任务 4　移动商务营销的认知

对于现代企业来说,要取得营销活动的成功,首先要在企业和消费者之间建立一种互动交流的环境,并赢得消费者的信任。而在移动电子商务营销条件下,则允许企业营销人员随时随地定位目标消费者并建立对话关系,产生互动,经过真诚的互动赢得消费者的信任,从而很好地实现企业营销目标。

随着移动网络和移动技术的发展,依托移动网络的移动电子商务营销与传统营销相比,有许多与生俱来、令传统营销方式可望而不可及的优势,并对企业的传统经营方式形成了巨大冲击。21 世纪是网络时代,随着移动通信的发展,WAP 上网已成为一种被大众接受的互联网接入方式,尤其是 3G、4G 开通后,手机上网已成为另一种重要的上网方式。同使用电脑上网相比,手机上网几乎不受时间、空间、设备的限制,上网费用被大众接受后,为移动商务的进一步发展提供了很好的基础。

能力目标

1. 能够了解移动营销的基本概念
2. 能够了解移动营销的模型及每个模型的特点
3. 能够了解移动商务营销的运作模式
4. 能够了解移动营销存在的问题

知识内容

1. 移动商务营销的定义及内容
2. 移动商务营销的 4I 模型
3. 移动商务发展的驱动因素、发展史及现状分析
4. 移动商务营销存在的问题和解决这些问题的方案

4.1　移动营销的概述

一、移动营销

移动营销是借助移动便携设备(主要以手机为平台),依赖于强大的数据库的支持,直接向受众发布定向或精准的即时信息,通过这种定向或精准的发布功能来与受众产生互动方式,进而达到市场营销的目的。移动营销有时也可称为手机营销或无线营销,与移动营销紧密相关的业务包含移动广告、移动营销服务商、移动广告市场规模等。

二、移动营销的内容

1. 移动电子商务市场调查

移动电子商务市场调查是指企业利用移动终端的交互式信息沟通渠道来实施的市场调查活动,采取的方法包括向用户发布问卷进行调查,也可以通过电话调查方式实现。移动网上调查的特点是快速,调查效率高,但调查时间不宜过长。

2. 移动电子商务消费者行为分析

移动电子商务消费者群体具有与传统市场的消费者群体不同的特性,因此,要开展有效的移动电子商务营销活动,必须深入了解移动电子商务消费者群体的需求特征、购买动机和购买行为模式。

3. 移动电子商务营销策略

企业采取移动网络营销实现其营销目标时,必须制定相适应的营销策略。这些营销策略包括产品和服务策略、价格营销策略、渠道策略、促销与广告策略等,企业在制定营销策略时,应充分考虑移动电子商务的特点。

4.2 移动商务营销的 4I 模型

营销是一种思想方式,一种哲学,是对商业实践的总体视角,它定向于获知消费者自发表达的或被诱发出来的需要和欲望。管理学大师彼德·德鲁克认为,公司失败的原因是它们的商业理论过时了,公司过去经营时所做的假设已经不适合现在了。是的,在Web2.0 时代,或者说以网络为基本特征的信息化时代,传统营销理论将被彻底颠覆,传统的 4P、4C、4R 理论将被"4I"理论所取代,网络营销模式对建立新型的顾客关系给出了全新的方式。创新的营销理论,也就是对竞争环境和消费方式变化的理解方式。不理解网络世界的本质,将无法展开有效的广告营销活动。

一、4P 模型

4P 理论产生于 20 世纪 60 年代的美国,是随营销组合理论的提出而出现的。1953 年,尼尔·博登(Neil Borden)在美国市场营销学会的就职演说中创造了"市场营销组合"(Marketing mix)这一术语,其意是指市场需求或多或少的在某种程度上受到所谓"营销变量"或"营销要素"的影响。为了寻求一定的市场反应,企业要对这些要素进行有效的组合,从而满足市场需求,获得最大利润。营销组合实际上有几十个要素(博登提出的市场营销组合原本就包括 12 个要素),杰罗姆·麦卡锡(McCarthy)于 1960 年在其《基础营销》(Basic Marketing)一书中将这些要素一般地概括为 4 类:产品(Product)、价格(Price)、渠道(Place)、促销(Promotion),即著名的 4Ps。1967 年,菲利普·科特勒在其畅销书《营销管理:分析、规划与控制》第一版进一步确认了以 4Ps 为核心的营销组合方法:

产品(Product):注重开发的功能,要求产品有独特的卖点,把产品的功能诉求放在第一位。

价格（Price）：根据不同的市场定位,制定不同的价格策略,产品的定价依据是企业的品牌战略,注重品牌的含金量。

分销（Place）：企业并不直接面对消费者，而是注重经销商的培育和销售网络的建立，企业与消费者的联系是通过分销商来进行的。

促销（Promotion）：企业注重销售行为的改变来刺激消费者，以短期的行为（如让利，买一送一，营销现场气氛等）促成消费的增长，吸引其他品牌的消费者或导致提前消费来促进销售的增长。

（一）4Ps 营销理论的理论框架

4Ps 的提出奠定了管理营销的基础理论框架。该理论以单个企业作为分析单位，认为影响企业营销活动效果的因素有两种，如表 4.2.1 所示。

表 4.2.1　影响因素

可控因素（内部环境）	不可控因素（外部环境）
产品、价格、分销、促销	社会、人口、技术、经济、环境/自然、政治、法律、道德、地理

一种是企业不能够控制的，如社会/人口（Social/demographic）、技术（Technological）、经济（Economic）、环境/自然（Environmental/Natural）、政治（Political）、法律（Legal）、道德（Ethical）、地理因素（Geographical Factor）等环境因素，称之为不可控因素，这也是企业所面临的外部环境。

一种是企业可以控制的，如产品、价格、分销、促销等营销因素，称之为企业可控因素。企业营销活动的实质是一个利用内部可控因素适应外部环境的过程，即通过对产品、价格、分销、促销的计划和实施，对外部不可控因素做出积极动态的反应，从而促成交易的实现和满足个人与组织的目标，用科特勒的话说就是"如果公司生产出适当的产品，定出适当的价格，利用适当的分销渠道，并辅之以适当的促销活动，那么该公司就会获得成功"（科特勒，2001）。所以市场营销活动的核心就在于制定并实施有效的市场营销组合。称商务的 4P 理论模型如图 4.2.1 所示。

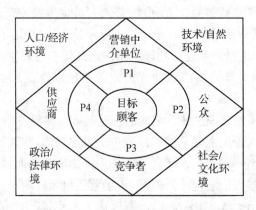

图 4.2.1　移动商务的 4P 理论模型

注：P1—Product（产品）　P2—Price（价格）　P3—Place（渠道）　P4—Promotion（促销）

此模型的优势是显而易见的：它把企业营销活动这样一个错综复杂的经济现象概括为三个圆圈，把企业营销过程中可以利用的成千上万的因素概括成四个大的因素，即 4Ps

理论——产品、价格、渠道和促销，的确非常简明、易于把握。得益于这一优势，它不径而走，很快成为营销界和营销实践者普遍接受的一个营销组合模型。

（二）4Ps营销的评价

尽管营销组合概念和4Ps观点被迅速和广泛地传播开来，但同时在有些方面也受到了一些营销学者特别是欧洲学派的批评。这主要有以下几点：

1. 营销要素只适合于微观问题，因为它只从交易的一方即卖方来考虑问题，执著于营销者对消费者做什么，而不是从顾客或整个社会利益来考虑，这实际上仍是生产导向观念的反映，而没有体现市场导向或顾客导向，而且它的重点是短期的和纯交易性的。

2. 4Ps理论是对博登提出的市场营销组合概念的过分简化，是对现实生活不切实际的抽象。博登认为，提出市场营销组合的这个概念并不是要给市场营销下个定义，而是为营销人员提供参考，营销人员应该将可能使用的各种因素或变量组合成一个统一的市场营销计划（Neil Borden，1964）。但在4Ps模式中没有明确包含协调整合的成分，没有包括任何相互作用的因素，而且，有关什么是主要的营销因素，它们是如何被营销经理感受到并采纳等这些经验研究也被忽视了，"对于结构的偏好远胜于对过程的关注"（Kent，1986）。同时，营销是交换关系的相互满足，而4Ps模型忽略了交换关系中大量因素的影响作用。

3. 4Ps主要关注的是生产和仅仅代表商业交换一部分的迅速流转（fast moving）的消费品的销售。况且，消费品生产者的顾客关系大多是与零售商和批发商的工业型关系，消费品零售商越来越把自己看成服务的提供者。在这种情况下，4Ps在消费品领域的作用要受到限制。

4. 4Ps观点将营销定义成了一种职能活动，从企业其他活动中分离出来，授权给一些专业人员，由他们负责分析、计划和实施。"企业设立营销或销售部具体承担市场营销职能，当然，有时也吸收一些企业外的专家从事某些活动，比如市场分析专家和广告专家。结果是，组织的其他人员与营销脱钩，而市场营销人员也不参与产品设计、生产、交货、顾客服务和意见处理及其他活动"（Christian Gringos，1994），因此导致了与其他职能部门的潜在矛盾。而且它缺乏对影响营销功能的组织内部任务的关注，"如向企业内部所有参与营销或受营销影响的人员传播信息的人力资源管理以及设计激励和控制系统"（Van den Bullet，1991）。

5. 市场营销组合和4Ps理论缺乏牢固的理论基础。格隆罗斯认为，作为一种最基本的市场营销理论，在很大程度上是从实践经验中提炼出来的，在其发展过程中很可能受到微观经济学理论的影响，特别是三十年代垄断理论的影响。然而，与微观经济学的联系很快被切断了，甚至完全被人们忘记了。因此，市场营销组合只剩下一些没有理论根基的P因素堆砌成的躯壳（Christion Gronroos）。高斯达·米克维茨（Gosta Mickwitz，1959）早在1959年就曾指出"当营销机制中基于经验性的工作表明企业采用了彼此之间大量的明显不同的参数时，市场中的企业行为理论如果只满足于处理其中的少数几个，这样的理论的现实性就很差了"。

针对这些批评，后来的学者们又在不断地将4Ps模型进行充实，在每一个营销组合因素中又增加了许多子因素，从而分别形成产品组合、定价组合、分销组合、沟通和促销组合，这四个方面每一个因素的变化，都会要求其他因素响应变化。这样就形成了营销组合体系。根据实际的要求而产生的营销因素组合，变化无穷，推动着市场营销管理的发展和营销资源的优化配置。

营销因素组合的要求及目的就是，用最适宜的产品，以最适宜的价格，用最适当的促销办法及销售网络，最好地满足目标市场的消费者的需求，以取得最佳的信誉及最好的经济效益。

因此至今为止，4Ps 理论模型仍然是营销决策实践中一个非常有效的指导理论。笔者在后面的应用分析中仍然使用了这一理论模型。

二、4C 模型

（一）4Cs 营销理论的概述

随着市场竞争日趋激烈，媒介传播速度越来越快，4Ps 理论越来越受到挑战。1990年，美国学者罗伯特·劳特朋（Robert Lauterborn）教授提出了与传统营销的 4P 相对应的 4Cs 营销理论。

4Ps 营销组合向 4Cs 营销组合的转变，具体表现为产品（Production）向顾客（Consumer）转变，价格（Price）向成本（Cost）转变，分销渠道（Place）向方便（Convenience）转变，促销（Promotion）向沟通（Communication）转变。

1. 从"产品"转变到"顾客"

在 4Ps 营销组合中，产品策略是企业根据目标市场定位和顾客需求所做出的与产品开发有关的计划和决策。其主要内容包括为满足用户需要所设计的产品的功能、产品的品质标准、产品特性、包装设计、产品品牌与商标、销售服务、质量保证，还包括产品生命周期中各阶段的策略等。在 4Cs 营销组合中，顾客策略更强调企业从顾客的需求和利益出发，生产满足消费者需要的产品的价值。因此，从 4Ps 的"产品"转变到 4Cs 的"顾客"，实际上就是指在产品开发的基础上，企业应当更注重消费者的需要，在满足消费需求中获取利润，实现企业和顾客之间的双赢。这是市场营销观念的转变，被公认为现代市场营销学的"第一次革命"。过去，市场是生产过程的终点；而现在，市场则成为生产过程的起点。现代管理学理论的奠基人彼得·杜拉克有一句经典名言："商业的目的只有一个：创造顾客。"这句话的实质意义是，只有在企业创造有效需求之后，才能形成一个现实的顾客和市场。

顾客策略就是强调"忘掉产品，考虑消费者的需要和欲望"，即企业不仅关心产品的功能如何、质量如何、包装如何，而且还要多想一想企业的产品是否符合顾客的需要，是否能够给顾客带来实际的价值；企业在设计和开发产品时，要考虑顾客的需求，使顾客的需求真正融入企业生产、投资、开发与研究等计划的制定中。例如，在全球几大移动通信运营商中客户量名列第三的多科莫公司，占据了日本移动通信市场 60％的份额，其成功的营销文化就在于充分为顾客着想；该公司最大的优势来自于 I-Mode 型手机服务的巨大成功。I-Mode 用户达到了 1 700 万，占整个日本市场的 80％以上。其成功之道有以下几方面:首先,网站内容丰富,I-Mode 已有 1 000 多志愿网站,且每天都有数百个网站加入。据统计有 50% 的用户是 20～30 岁的,40 岁以下的用户占到 70%。其次,手机采用封包传输,不必拨接,速度快,收费便宜,而且手机采用大屏幕,设计精巧,方便浏览。该公司的营销策略处处体现以顾客为中心的人性化理念,以及顾客第一的营销原则,以顾客服务为己任。

2. 从"价格"转变到"成本"

在 4Ps 营销组合中,价格策略是企业实现产品价值的策略,定价是企业整体营销活动之一。选择定价策略主要的依据是企业定价目标和定价导向。企业定价目标主要是获取利润目标和占有市场目标。为了保持和扩大市场占有率,企业应考察市场环境并结合自身实力,兼顾企业的近期与远期利益,在不同时期制定不同的占领市场的定价目标。在 4Cs 营销组合中,成本策略是企业考虑顾客在满足需求时需要承担的成本,而不是从企业的角度考虑要达到的利润目标。从 4Ps 的"价格"到 4Cs 的"成本"的转变,实际上就是企业从考虑盈利目标转变到考虑满足顾客需要的成本。

对于企业来说,成本策略就是强调"忘掉价格,考虑消费者为满足需求而愿意支付多少"。长城公司就曾演绎了漂亮的商战。长城计算机 1999 年推出的"飓风 499"大获成功就是一个明证。当时在中国的 PC 市场有 30% 是兼容机,在这块市场上,由于产品的比价效应,商家多在此牟利。通过市场调查发现,消费者能承受的心理价位在 5 000 元以下,而品牌机七八千元的价位大大超过了消费者的预期。鉴于人们的这种心理,1999 年 5 月,长城计算机公司一举推出了新产品"飓风 499",把价格定在 4 999 元。由于充分考虑了顾客的"成本",长城计算机公司取得了"像飓风一样扫过中国的 PC 市场"的成功。

3. 从"分销渠道"转变到"方便"

在 4Ps 营销组合中,在分销渠道策略上,企业应当考虑选择何种有效的途径,将产品从生产者转移到消费者手中。在分销渠道中,有一系列的机构或个人参与商品的交换活动,他们共同构成商品流通的有序环节。这种有序环节是连接生产与消费的桥梁与纽带。在 4Cs 营销组合中,方便策略是企业在分销渠道上考虑顾客购买商品的方便程度。从 4Ps 的"分销渠道"到 4Cs 的"方便"的转变,实际上是企业从依据自身需要转变到依据顾客的方便程度来构建分销渠道。

方便策略是企业根据顾客的利益和需要构建分销渠道,以减少流通环节,降低流通成本,从而将流通成本让利给顾客。随着生产力的提高和竞争的加剧,商家越来越注重减少中间环节,降低成本,直接把产品提供给消费者。例如,沃尔玛取得成功的经验:一是拥有相当一批直接供应商;二是"方便、满意、低廉"的服务宗旨;三是其店面设于地价较低的区域及选址"方便"的策略。其店址一般选在经济较发达的区域,又可避免闹市区的地价高而引起的成本上升,又可避免偏僻地区的客流不足。同时具备便利的交通条件,并为顾客提供免费停车位,还为顾客提供极佳的购物走道,两旁陈列许多全国性的知名品牌产品,定期推出快讯,介绍商品信息,节约了顾客的时间。沃尔玛所有的这一切,真正解决了顾客切实关心的问题,极大地"方便"了顾客。

4. 从"促销"转变到"沟通"

在 4Ps 营销组合中,促销是企业向顾客进行单向的营销信息传递,而顾客对企业促销信息的反应无法反馈到企业,难以做到企业与顾客之间的双向沟通与交流。在 4Cs 营销组合中,沟通策略是企业与顾客之间进行双向的营销信息沟通,使顾客参与到企业的产品开发和生产之中。麻省理工学院专门研究技术创新过程的学者埃里·冯希佩尔仔细研究了科学仪器创新的源泉,得出以下结论:归类为第一产品的十一种主要的新发明,全部来自使用者的构想;在 66 种主要产品改良中,85% 的改良归功于使用者的构想。由此可看出,企业促销的任务不仅是传递信息,而更应注重沟通。促销的目标是引起消费者对企业或商品的注意和兴趣,激发消费者的购买欲望,加速消费者的购买行动。

从 4Ps 的"促销"转变到 4Cs 的"沟通",实质上是企业从单向营销信息灌输转变到与顾客之间双向的、互动的信息交流。沟通策略就是强调"忘掉促销,考虑双向沟通"。从心理学角度来说,沟通就是"请注意消费者",在市场日益成熟的今天,肯定是"请注意消费者"比"消费者请注意"更有利于企业的长期发展。宝洁公司的成功之道之一就是注重和消费者的沟通,他们的营销灵感就来源于顾客的意见。宝洁公司是美国第一家提供"800消费者服务免费电话"的消费产品公司,曾经一年内该公司共接到过 20 万个消费者直接打进的"800"电话,其中包括对产品提出的各种意见和抱怨。宝洁公司在回复每一顾客的同时并作记录,用于以后讨论。该公司改良产品的许多构想,就是源于这个"800 消费者服务免费电话"。

随着经济社会的发展,企业传统的营销观念正在注入新的内涵。企业应当如何看待市场,看待消费者的问题,使企业认识到只有以顾客需要为中心,千方百计满足顾客的需要,企业才能生存和发展。"顾客就是上帝"的道理人人皆知,但如何服务"上帝"、方便"上帝",这里大有学问。有人说 21 世纪是一个被称为"注意力经济"的时代,为了吸引和留住那些"善变"的眼神,厂家和商家无不费尽心思,投入大量资金,用于广告和促销,可是就像一个听众面对一万个、甚至更多的讲话者,每个讲话者都试图让听众听到自己的声音。于是,如何在巨大的噪音中脱颖而出,赢得听众的青睐就变得至关重要。这就要求企业决策者应更加关注 4Cs,真正地注重"做市场"。

(二) 4Cs 营销理论的内容

4C 分别指代 Customer(顾客)、Cost(成本)、Convenience(便利)和 Communication(沟通)。

1. Customer (顾客)

Customer (顾客)主要指顾客的需求。企业必须首先了解和研究顾客,根据顾客的需求来提供产品。同时,企业提供的不仅仅是产品和服务,更重要的是由此产生的客户价值(Customer Value)。

2. Cost(成本)

Cost(成本)不单是企业的生产成本,或者说 4P 中的 Price(价格),它还包括顾客的购买成本,同时也意味着产品定价的理想情况,应该是既低于顾客的心理价格,亦能够让企业有所盈利。此外，这中间的顾客购买成本不仅包括其货币支出，还包括其为此耗费的时间、体力和精力消耗，以及购买风险。

3. Convenience（便利）

顾客在购买某一商品时，除耗费一定的资金外，还要耗费一定的时间、精力和体力，这些构成了顾客总成本。所以，顾客总成本包括货币成本、时间成本、精神成本和体力成本等。由于顾客在购买商品时，总希望把包括货币、时间、精神和体力等有关成本降到最低限度，以使自己得到最大限度的满足，因此，零售企业必须考虑顾客为满足需求而愿意支付的"顾客总成本"。努力降低顾客购买的总成本，如降低商品进价成本和市场营销费用，从而降低商品价格，以减少顾客的货币成本；努力提高工作效率，尽可能减少顾客的时间支出，节约顾客的购买时间；通过多种渠道向顾客提供详尽的信息、为顾客提供良好的售后服务，减少顾客精神和体力的耗费。

4. Communication（沟通）

Communication（沟通）则被用以取代 4P 中对应的 Promotion（促销）。4Cs 营销理论认为，企业应通过同顾客进行积极有效的双向沟通，建立基于共同利益的新型企业/顾客关系。这不再是企业单向的促销和劝导顾客，而是在双方的沟通中找到能同时实现各自目标的通途。

（三）4Cs 营销理论的不足

4Cs 营销理论也留有遗憾。总体来看，4Cs 营销理论注重以消费者需求为导向，与市场导向的 4Ps 相比，4Cs 营销理论有了很大的进步和发展。但从企业的营销实践和市场发展的趋势看，4Cs 营销理论依然存在以下不足：

1. 4Cs 营销理论是顾客导向，而市场经济要求的是竞争导向，中国的企业营销也已经转向了市场竞争导向阶段。顾客导向与市场竞争导向的本质区别是：前者看到的是新的顾客需求；后者不仅看到了需求，还更多地注意到了竞争对手，冷静分析自身在竞争中的优、劣势，并采取相应的策略，在竞争中求发展。

2. 4Cs 营销理论虽然已融入营销策略和行为中，但企业营销又会在新的层次上同一化。不同企业至多是个程度的差距问题，并不能形成营销个性或营销特色，不能形成营销优势，保证企业顾客份额的稳定性、积累性和发展性。

3. 4Cs 营销理论以顾客需求为导向，但顾客需求有个合理性问题。顾客总是希望质量好，价格低，特别是在价格上要求是无界限的。只看到满足顾客需求的一面，企业必然付出更大的成本，久而久之，会影响企业的发展。所以从长远看，企业经营要遵循双赢的原则，这是 4Cs 需要进一步解决的问题。

4. 4Cs 营销理论仍然没有体现既赢得客户，又长期地拥有客户的关系营销思想。没有解决满足顾客需求的操作性问题，如提供集成解决方案、快速反应等。

5. 4Cs 营销理论总体上虽是 4Ps 的转化和发展，但被动适应顾客需求的色彩较浓。根据市场的发展，需要从更高层次以更有效的方式在企业与顾客之间建立起有别于传统的新型的主动性关系，如互动关系、双赢关系、关联关系等。

4Cs 营销理论从其出现的那一天起就普遍受到企业的关注,此后许多企业运用 4Cs 营销理论创造了一个又一个奇迹。但是 4Cs 营销理论过于强调顾客的地位,而顾客需求的多变性与个性化发展,导致企业不断调整产品结构、工艺流程,不断采购和增加设备,其中的许多设备专属性强,从而使专属成本不断上升,利润空间大幅缩小。另外,企业的宗旨是"生产能卖的东西",在市场制度尚不健全的国家或地区,就极易产生假、冒、伪、劣的恶性竞争以及"造势大于造实"的推销型企业,从而严重损害消费者的利益。当然这并不是由 4Cs 营销理论本身所引发的。

(四) 4Cs 营销理论分析

4Cs 的核心是顾客战略。而顾客战略也是许多成功企业的基本战略原则,比如,沃尔玛"顾客永远是对的"的基本企业价值观。4Cs 的基本原则是以顾客为中心进行企业营销活动的规划设计,从产品到如何实现顾客需求(Consumer's Needs)的满足,从价格到综合权衡顾客购买所愿意支付的成本(Cost),从促销的单向信息传递到实现与顾客的双向交流与沟通(Communication),从通路的产品流动到实现顾客购买的便利性(Convenience)。

顾客需求,有显性需要和潜在需要之分。显性需要的满足是迎合市场,潜在需要的满足是引导市场。营销人的首要功课是要研究客户需求,发现其真实需求,再来制定相应的需求战略,以影响企业的生产过程。由于市场竞争的加剧,客户对于同质化产品表现出消费疲怠,而适度创新则是引导和满足客户需求的竞争利器。

顾客需求层次也是进行市场细分的依据之一。满足何种需求层次,直接决定了目标市场定位抉择。根据马斯洛的需求层次理论,顾客需求从基本的产品需求向更高的心理需求满足的层次发展,因此,企业不仅要做产品,还要做品牌做生活,通过创建品牌核心价值,营造新型生活方式,实现顾客在社会认同、生活品位等层次需求的满足。所以房地产也不再是建造一个单纯的栖身之所,更是在营造一种生活,在这里,顾客不只是有了一个安身之处,更是为心灵找到了一个安心之港。身体的住所和心灵的港湾,是两个不同的境界,也由此使产品本身的附加价值大相径庭。

顾客成本是顾客购买和使用产品所发生的所有费用的总和。价格制定是单纯的产品导向,而顾客成本则除了产品价格之外,还包括购买和熟练使用产品所发生的时间成本、学习成本、机会成本、使用转换成本、购买额外配件或相关产品的成本付出的统和。对于这些成本的综合考虑,更有利于依据目标客户群的特征进行相关的产品设计和满足顾客的真实需要。房地产操作中,对于小户型房采用装修或是毛坯,就要对于顾客需求和顾客成本进行综合考虑。

顾客沟通首先明确企业传播推广策略是以顾客为导向而非企业导向或竞争导向。现实的许多企业以竞争导向制定促销策略,结果陷入了恶性竞争的迷茫之中。顾客导向才更能使企业实现竞争的差异性和培养企业的核心竞争能力。顾客沟通也更强调顾客在整个过程中的参与和互动,并在参与互动的过程中,实现信息的传递以及情感的联络。一方面,沟通要选择目标客户经常接触的媒介管道;另一方面,由于社会信息爆炸,消费者每天所接触的信息来源非常广泛,因而单向的信息传递会由于消费者的信息接收过滤而造成传播效率低下。而沟通所强调的客户参与,则使顾客在互动的过程中对于信息充分接收并产生记忆。当前的体验营销就是客户在体验的过程中，了解产品与自身需求的契合，发现产品的价值所在，并在无形中领悟品牌文化，在潜移默化中达致心理的感动。而体验的过程中，顾客的心声被企业接纳，又成为下一次创新的方向。万科的产品创新的循序渐进，就是在与顾客的长期沟通之中实现的。

可口可乐随处皆可买到，房地产的售楼专车，驾校提供上门接送服务，快餐店送餐上门……这些都是在通路设计上实现产品到达的便利性。顾客便利的目标是通过缩短顾客与产品的物理距离和心理距离，提升产品被选择的几率。网上售楼系统，作为一种新兴的销售手段，也是在应用科技发展，满足顾客购买便利性的需求。

顾客战略为核心的4C说，随着时代的发展，也显现了其局限性。当顾客需求与社会原则相冲突时，顾客战略也是不适应的。例如，在倡导节约型社会的背景下，部分顾客的奢侈需求是否要被满足。这不仅是企业营销问题，更成为社会道德范畴问题。同样，建别墅与国家节能省地的战略要求也相背离。于是2001年，美国的唐·E·舒尔茨（Don E Schultz）又提出了关系（Relationship）、节省（Retrenchment）、关联（Relevancy）和报酬（Rewards）的4R新说，"侧重于用更有效的方式在企业和客户之间建立起有别于传统的新型关系"。

而万变不离其宗，4P和4C还是存在着实质上的关联，从顾客需求的角度思考如何设计和研发产品，从顾客成本的角度考虑如何制定最合理的价格，此外，顾客需求本身对于产品价格也有着直接的影响，从与顾客如何实现沟通的角度思考促销和推广的方式，从客户购买的便利性的角度来确定企业通路的选择。作为营销的基本理论，4P和4C的营销策略组合原则，都在我们日常的营销实践中被有意无意地广泛应用。

（五）4P与4C的相互关系

如表4.2.2所示为4Ps与4Cs的相互关系对照表。

表4.2.2　4Ps与4Cs的相互关系对照表

类别	4Ps		4Cs	
阐释	产品（Product）	服务范围、项目，服务产品定位和服务品牌等	客户（Customer）	研究客户需求欲望，并提供相应产品或服务
	价格（Price）	基本价格，支付方式，佣金折扣等	成本（Cost）	考虑客户愿意付出的成本、代价是多少
	渠道（Place）	直接渠道和间接渠道	便利（Convenience）	考虑让客户享受第三方物流带来的便利
	促销（Promotion）	广告，人员推销，营业推广和公共关系等	沟通（Communication）	积极主动与客户沟通，寻找双赢的认同感
时间	20世纪60年代中期（麦卡锡）		20世纪90年代初期（劳特朗）	

三、4R 模型

（一）4Rs 营销理论的提出者的争议

艾略特·艾登伯格（Elliott Ettenberg）——2001 年在其《4R 营销》一书中提出 4R 营销理论。

唐·舒尔茨（Don E. Schuhz）在 4C 营销理论的基础上提出了 4R 营销理论。

（二）4Rs 理论的内容

4Rs 理论的营销四要素：

第一，关联（Relevancy），即认为企业与顾客是一个命运共同体。建立并发展与顾客之间的长期关系是企业经营的核心理念和最重要的内容。

第二，反映（Respond），在相互影响的市场中，对经营者来说最现实的问题不在于如何控制、制定和实施计划，而在于如何站在顾客的角度及时地倾听和从推测性商业模式转移成为高度回应需求的商业模式。

第三，关系（Relation），在企业与客户的关系发生了本质性变化的市场环境中，抢占市场的关键已转变为与顾客建立长期而稳固的关系。与此相适应产生了 5 个转向：从一次性交易转向强调建立长期友好合作关系；从着眼于短期利益转向重视长期利益；从顾客被动适应企业单一销售转向顾客主动参与到生产过程中来；从相互的利益冲突转向共同的和谐发展；从管理营销组合转向管理企业与顾客的互动关系。

第四，回报（Return），任何交易与合作关系的巩固和发展，都是经济利益问题。因此，一定的合理回报既是正确处理营销活动中各种矛盾的出发点，也是营销的落脚点。

（三）4Rs 理论的特点

4Rs 营销理论的最大特点是以竞争为导向，在新的层次上概括了营销的新框架，根据市场不断成熟和竞争日趋激烈的形势，着眼于企业与顾客的互动与双赢，不仅积极地适应顾客的需求，而且主动地创造需求，运用优化和系统的思想去整合营销，通过关联、关系、反应等形式与客户形成独特的关系，把企业与客户联系在一起，形成竞争优势。其反应机制为互动与双赢、建立关联提供了基础和保证，同时也延伸和升华了便利性。"回报"兼容了成本和双赢两方面的内容，追求回报，企业必然实施低成本战略，充分考虑顾客愿意付出的成本，实现成本的最小化，并在此基础上获得更多的市场份额，形成规模效益。这样，企业为顾客提供价值和追求回报相辅相成，相互促进，客观上达到的是一种双赢的效果。

1. 4R 营销以竞争为导向，在新的层次上提出了营销新思路

根据市场日趋激烈的竞争形势，4R 营销着眼于企业与顾客建立互动与双赢的关系，不仅积极地满足顾客的需求，而且主动地创造需求，通过关联、关系、反应等形式建立与它独特的关系，把企业与顾客联系在一起，形成了独特竞争优势。

2. 4R 营销真正体现并落实了关系营销的思想

4R 营销提出了如何建立关系、长期拥有客户、保证长期利益的具体操作方式，这是关

系营销史上的一个很大的进步。

3. 4R营销是实现互动与双赢的保证

4R营销的反应机制为建立企业与顾客关联、互动与双赢的关系提供了基础和保证，同时也延伸和升华了营销便利性。

4. 4R营销的回报使企业兼顾到成本和双赢两方面的内容

为了追求利润，企业必然实施低成本战略，充分考虑顾客愿意支付的成本，实现成本的最小化，并在此基础上获得更多的顾客份额，形成规模效益。这样一来，企业为顾客提供的产品和追求回报就会最终融合，相互促进，从而达到双赢的目的。

（四）4Rs理论的缺陷

当然，4R营销同任何理论一样，也有其不足和缺陷。如与顾客建立关联、关系，需要实力基础或某些特殊条件，并不是任何企业可以轻易做到的。但不管怎样，4R营销提供了很好的思路，是经营者和营销人员应该了解和掌握的。

如4Rs所要求的同顾客建立关联关系，需要实力基础或某些特殊条件，这并不是所有的企业都可以轻易做到的。

4R之外的+0.5R，几乎所有的市场营销理论都是在强调如何强占市场和争取客户，夺取利润为最大目标，但市场行为本身就是一种风险博弈，也可以说在市场上什么都是可变的，只有利润和风险是永恒的，所以建议学习该理论时候能再加上0.5R，即risk control，相信能够把握好风险控制的管理者才能拥有更长久的发展动力和空间。

（五）4R营销的操作要点

1. 紧密联系顾客

企业必须通过某些有效的方式在业务、需求等方面与顾客建立关联，形成一种互助、互求、互需的关系，把顾客与企业联系在一起，减少顾客的流失，以此来提高顾客的忠诚度，赢得长期而稳定的市场。

2. 提高对市场的反应速度

多数公司倾向于说给顾客听，却往往忽略了倾听的重要性。在相互渗透、相互影响的市场中，对企业来说，最现实的问题不在于如何制定、实施计划和控制，而在于如何及时地倾听顾客的希望、渴望和需求，并及时做出反应来满足顾客的需求。这样才利于市场的发展。

3. 重视与顾客的互动关系

4R营销理论认为，如今抢占市场的关键已转变为与顾客建立长期而稳固的关系，把交易转变成一种责任，建立起和顾客的互动关系。而沟通是建立这种互动关系的重要手段。

4. 回报是营销的源泉

由于营销目标必须注重产出，注重企业在营销活动中的回报，所以企业要满足客户需求,为客户提供价值,不能做无用的事情。一方面,回报是维持市场关系的必要条件;另一方面,追求回报是营销发展的动力,营销的最终价值在于其是否给企业带来短期或长期的收入能力。

四、4I 模型

网络时代,传统的营销经典已经难以适用。消费者们君临天下,媒体是传统传播时代的帝王,而 YOU 才是网络传播时代的新君! 在传统媒体时代,信息传播是"教堂式",信息自上而下,单向线性流动,消费者们只能被动接受。而在网络媒体时代,信息传播是"集市式",信息多向、互动式流动。声音多元、嘈杂、互不相同。网络媒体带来了多种"自媒体"的爆炸性增长,博客、论坛、IM、SNS 借助此,每个草根消费者都有了自己"嘴巴"和"耳朵"。面对这些"起义的长尾",传统营销方式像"狩猎"要变成"垂钓":营销人需要学会运用"创意真火"煨炖出诱人"香饵",而品牌信息作为"鱼钩"巧妙包裹在其中。如何才能完成这一转变? 奥美的网络整合营销 4I 原则给出了最好的指引。网络整合营销 4I 原则:Interesting 趣味原则、Interests 利益原则、Interaction 互动原则、Individuality 个性原则。

（一）Interesting

趣味原则:八卦是火爆的通行证,《馒头》是《无极》的墓志铭。当芙蓉姐姐大 S 身材火爆网络时,当越来越多的信息都带好"泛娱乐化的假面"时,一个娱乐至死的年代来临了。中国互联网的本质是娱乐属性的,在互联网这个"娱乐圈"中混,广告、营销也必须是娱乐化、趣味性的。当我们失去权力对消费者说"你们是愿意听啊,是愿意听啊,还是愿意听啊,绝不强求"之时,显然,制造一些趣味、娱乐的"糖衣"的香饵,将营销信息的鱼钩巧妙包裹在趣味的情节当中,是吸引鱼儿们上钩的有效方式。"伟大的网络营销,他身上流淌着趣味的血液!他不是一则生硬的广告,他不是一则生硬的广告! 娱乐因子在他身上灵魂附体!"

（二）Interests

利益原则:没错,利益! 天下熙熙,皆为利来,天下攘攘,皆为利往。网络是一个信息与服务泛滥的江湖,营销活动不能为目标受众提供利益,必然寸步难行。将自己变身一个消费者,设身处地、扪心自问一句,"我要参加这个营销活动,为什么呢? 嚎!"

但这里想跟大家强调的是,网络营销中提供给消费者的"利益"外延更加广泛,我们头脑中的第一映射物质实利只是其中的一部分,还可能包括:

1. 信息、咨讯

广告的最高境界是没有广告,只有资讯。消费者抗拒广告,但消费者需要其需求产品的相关信息与资讯。直接推销类的广告吃到闭门羹的几率很大,但是化身成为消费者提供的资讯;面对免费利益,消费者接受度自然会大增。

2. 功能或服务

3. 心理满足,或者荣誉

4. 实际物质/金钱利益

（三）Interaction

互动原则：网络媒体区别于传统媒体的另一个重要的特征是其互动性，如果不能充分地挖掘运用这个 usp，新瓶装旧酒，直接沿用传统广告的手法手法，无异于买椟还珠。再加上网络媒体在传播层面上失去了传统媒体的"强制性"，如此的"扬短避长"，单向布告式的营销，肯定不是网络营销的前途所在，只有充分挖掘网络的交互性，充分地利用网络的特性与消费者交流，才能扬长避短，让网络营销的功能发挥至极致。

不要再让消费者仅仅单纯接受信息，数字媒体技术的进步，已经允许我们能以极低的成本与极大的便捷性，让互动在营销平台上大展拳脚。而消费者们完全可以参与到网络营销的互动与创造中来。在陶艺吧中亲手捏制的陶器弥足珍贵，因为融入自己的汗水。同样，消费者亲自参与互动与创造的营销过程，会在大脑皮层回沟中刻下更深的品牌印记。把消费者作为一个主体，发起其与品牌之间的平等互动交流，可以为营销带来独特的竞争优势。未来的品牌将是半成品，一半由消费者体验、参与来确定。当然，营销人找到能够引领和主导两者之间互动的方法很重要。

（四）Individuality

个性原则：YOU，已经被钉在了无以复加的高度，那么 YOU 高大的身影在营销中投射的影像，就是 Individuality 个性在网络营销中的地位也因此凸现！对比"大街上人人都在穿"，"全北京独此一件，专属于你！"，你就明白专属、个性显然更容易俘获消费者的心。因为个性，所以精准、诱人。个性化的营销，让消费者心理产生"焦点关注"的满足感，个性化营销更能投消费者所好，更容易引发互动与购买行动。但是在传统营销环境中，做到"个性化营销"成本非常之高，因此很难推而广之，仅仅是极少数品牌品尝极少次的豪门盛宴。但在网络媒体中，数字流的特征让这一切变得简单、便宜，细分出一小类人，甚至一个人，做到一对一行销都成为可能。天赐良机，怎能不用？

4.3　移动营销的运作模式

在移动电子商务中，其营销模式主要有以下几种互动营销：深度营销，一对一营销，个性化营销，网络营销，而这几种营销和传统的网络营销的结合形成了新的网络营销。

移动电子商务引起了从客户需要有计算机的地方的阶段向有客户就有计算机的阶段变迁。在现在的发展中，移动设备就像宽带切入一样简单，智能机的普及，各种方便快捷的新型网络的应用让移动商务迅猛的发展。现有的网络营销的模式可以完美地呈现到移动商务中。

一、新型网络营销八大职能

网络营销的职能不仅表明了网络营销的作用和网络营销工作的主要内容，同时也说明了网络营销所应该可以实现的效果，对网络营销职能的认识有助于全面理解网络营销的价值和网络营销的内容体系，因此网络营销的职能是网络营销的理论基础之一。

（一）网络品牌

网络营销的重要任务之一就是在互联网上建立并推广企业的品牌,知名企业的网下品牌可以在网上得以延伸,一般企业则可以通过互联网快速树立品牌形象,并提升企业整体形象。网络品牌建设是以企业网站建设为基础,通过一系列的推广措施,达到顾客和公众对企业的认知和认可。在一定程度上说,网络品牌的价值甚至高于通过网络获得的直接收益。

（二）网站推广

这是网络营销最基本的职能之一,在几年前,甚至认为网络营销就是网站推广。相对于其他功能来说,网站推广显得更为迫切和重要,网站所有功能的发挥都要以一定的访问量为基础,所以,网站推广是网络营销的核心工作。

（三）信息发布

网站是一种信息载体,通过网站发布信息是网络营销的主要方法之一,同时,信息发布也是网络营销的基本职能,所以也可以这样理解,无论哪种网络营销方式,结果都是将一定的信息传递给目标人群,包括顾客/潜在顾客、媒体、合作伙伴、竞争者等等。

（四）销售促进

营销的基本目的是为增加销售提供帮助,网络营销也不例外,大部分网络营销方法都与直接或间接促进销售有关,但促进销售并不限于促进网上销售,事实上,上海网络营销在很多情况下对于促进网下销售十分有价值。

（五）销售渠道

一个具备网上交易功能的企业网站本身就是一个网上交易场所,网上销售是企业销售渠道在网上的延伸,网上销售渠道建设也不限于网站本身,还包括建立在综合电子商务平台上的网上商店及与其他电子商务网站不同形式的合作等。

（六）顾客服务

互联网提供了更加方便的在线顾客服务手段,从形式最简单的 FAQ(常见问题解答)到邮件列表,以及 BBS、MSN、聊天室等各种即时信息服务,禹含网络提示顾客服务质量对于网络营销效果具有重要影响。

（七）顾客关系

良好的顾客关系是网络营销取得成效的必要条件,通过网站的交互性、顾客参与等方式在开展顾客服务的同时,也增进了顾客关系。

(八) 网上调研

通过在线调查表或者电子邮件等方式,可以完成网上市场调研,相对传统市场调研,网上调研具有高效率、低成本的特点,因此,网上调研成为网络营销的主要职能之一。开展网络营销的意义就在于充分发挥各种职能,让网上经营的整体效益最大化,因此,仅仅由于某些方面效果欠佳就否认网络营销的作用是不合适的。上海网络营销的职能是通过各种网络营销方法来实现的,网络营销的各个职能之间并非相互独立的,同一个职能可能需要多种网络营销方法的共同作用,而同一种网络营销方法也可能适用于多个网络营销职能。

二、移动电子商务互动营销

(一) 移动电子商务互动营销的定义

移动电子商务互动营销是指企业以移动终端设备为载体,依托移动通信网络,并结合传统互联网来开展的互动营销活动;它是移动营销的一个环节,与移动营销的根本区别在于,移动营销信息反馈环节始于到达用户前的阶段,而移动电子商务环境下的互动营销活动始于消费者自身。由于与传统互联网环境下的电子商务在终端特征、网络特性、应用环境上存在差别,移动电子商务环境下的互动营销表现出即时、直接、互动、个性化以及分众、定向、精准的特征,尤其是其即时、直接、个性化与定向的特征,比传统互联网环境下的互动营销有了显著的进步。它同时具有信息类别丰富、成本低廉、可以给受众更好体验的优势,可以做到在需要的时间、需要的地点来传递消费者需要的内容。

(二) 移动电子商务一对一营销模型

欲构建移动电子商务技术与平台条件下的互动营销模型,我们就要先对传统市场上的互动营销模式和传统电子商务环境下的互动营销作出分析,通过比较构建出移动电子商务技术与平台条件下的互动营销模型。

1. 传统市场上的互动营销

传统意义上的互动营销是通过面对面人员推销、邮寄商品目录、电视购物热线、电话营销、甚至传真等传统营销手段,企业可以向消费者发布产品与服务信息,同时又能从消费者那里得到有关产品使用情况、满意程度等许多对企业改进和提高产品质量有用的关键的反馈信息。这种互动营销在企业经营者与消费者互动过程中,由于消费者参与程度不够,沟通不充分,因此获得的信息有限。它主要表现为企业与消费者之间的互动,消费者之间的互动和相互影响较少。

2. 传统电子商务环境下的互动营销

传统电子商务环境下的互动营销是以互联网为媒介的互动营销。企业和消费者之间通过互联网的搜索引擎、社区、网络广告、博客、微博、即时通信等多种手段进行互动沟通,并且传递的信息包括文字、声音与图片信息等多种形式,因此比起传统市场上的互动营销,企业与消费者之间沟通得更充分,消费者参与营销的程度也比较深,互动双方获得的信息更全面,有利于双方做出更正确的决策和决定。

而且传统电子商务环境下的互动营销由于是消费者主导、非强迫,因而更具人性化,更有利于企业与消费者之间保持一种长久友好的关系,提高客户的满意度,培育客户的忠诚性。

3. 移动电子商务技术与平台条件下的互动营销模型构建

(1) 移动电子商务技术与平台条件下的互动营销价值链

在移动电子商务环境下的互动营销活动参与方分别有开展营销活动的企业、移动终端制造商、服务提供商(SP)、移动运营商、消费者、物流商,由这些价值主体构成了移动商务互动营销的行业价值链,其中企业与消费者是价值链中最重要的价值主体,而移动运营商居于互动营销过程的关键位置。在这个价值链上,终端制造商提供移动终端,移动运营商搭建通信网络及无线互联网络,企业在移动商务环境下开展营销活动,很少能离开 SP的参与。

(2) 移动电子商务技术与平台条件下的互动营销模型

在移动电子商务环境下,企业为了促进产品的销售、树立良好企业形象、塑造企业和产品的品牌,在取得消费者的信任和许可前提下,通过移动运营商、SP 向移动终端持有者(相应的消费者)发送商业营销信息,而消费者在能取得相应价值的条件下,会主动获取或接收企业发来的信息,然后访问企业的无线网站或者有线网站;而通过消费者对企业的无线网站或有线网站的访问,消化企业传递的营销信息,又能把相应的信息反馈给企业,企业在接收消费者的反馈信息并做出处理后,把经过处理的信息重新返回给消费者,又由消费者做出判断和决策,从而在消费者与企业之间形成了互动。从消费者这一方来看,可能在某个时候接触到某种企业的商业信息,此时消费者可能主动利用移动终端,从企业留下的信息互动的接口,通过移动运营商、SP 与企业展开互动。由于在移动电子商务技术与平台条件下的互动营销价值链中,企业与消费者是价值链中最重要的主体,因此互动营销过程的主角是企业与消费者,同时也伴随消费者与消费者之间、企业与移动运营商、企业通过移动运营商与 SP、SP 与移动运营商、消费者与 SP 或移动运营商的互动过程。在互动营销过程中,移动终端制造商、SP、移动运营商主要起了一个提供实现企业与消费者之间互动的技术条件与平台的作用,但消费者与消费者之间的互动对企业营销的效果具有很重要的影响。

企业主要通过两种路径与消费者进行互动沟通:一是企业通过运营商的移动通信网或移动互联网向消费者的移动终端(主要是移动电话)发送营销信息,然后与消费者形成互动;通过正好相反的途径,消费者利用移动终端(移动电话、PDA、移动电脑等)通过移动运营商提供的通信网络和有线无线网络与企业互动沟通。二是企业利用运营商的网络平台由服务提供商(SP)向消费者的移动终端发送营销信息与消费者形成互动;通过正好相反的途径,消费者利用移动终端(移动电话、PDA、移动电脑等)通过服务提供商(SP),经过运营商的网络平台与企业互动沟通。

（三）移动电子商务技术与平台条件下的互动营销应用模式

经过分析，目前，在市场里基于移动电子商务技术与平台的互动营销应用模式主要有移动二维码、短信网址、移动商圈、移动搜索、移动网站及蓝牙互动营销等多种形式。

1. 移动二维码

移动二维码是用特定的几何图形按一定规律在平面上从二维方向上分布的黑白相间的矩形方阵记录数据符号信息的新一代条码技术。

它由一个二维码矩阵图形和一个二维码号，以及下方的说明文字组成，具有信息量大、纠错能力强、识读速度快、全方位识读等特点，可以印刷在报纸、杂志、广告、图书、包装以及个人名片等多种载体上。它有主读和被读两种业务模式，在主读模式下，手机作为二维码识读设备，用户手机在安装二维码识别软件后，通过手机摄像头扫描二维码或输入二维码下面的号码、关键字即可实现快速手机上网，称为条码识别。

移动二维码几乎适用所有有信息释放需求的领域，例如下载图文、视频、获取优惠券、参与抽奖、了解企业产品信息。移动二维码作为一种基于平面媒体又超越平面媒体的新媒体形式，能够实现传统纸媒体到网络媒体的平滑链接，使得传统媒体突破平面的界限，真正实现与网络媒体的互通与融合。

而每一个移动二维码对应一个单一的 WAP 网站或页面，用最简单的操作就能实现精准信息的直达。通过移动二维码技术，用户进入 WAP 网页看到的是与产品密切对应或者说专属于产品的网页，这种内容上的专属性以及消费者主动阅读的特点极大地提高了受众与企业之间的互动性，实现了企业与消费者之间真正意义上的即时互动。

2. 短信网址

短信网址也称信息名址，它是移动互联网上用自然语言注册的网址，是利用 SMS 短信方式或 WAP 寻址方式为移动终端设备快捷访问无线互联网内容和应用而建立的寻址方式，是基于移动 IP 及域名体系之上的应用标准。它为企业用户提供了一个更加灵活的业务服务和营销接口，作为 3G 时代企业移动互联网的入口，短信网址是个人访问企业 WAP 最便捷的途径。移动用户通过企业的无线网站可随时、随地与企业进行互动沟通和各种业务往来，企业也可以更加方便地面向手机用户进行营销和服务。短信网址也如同互联网中的域名和网址，是企业在移动互联网上的"商标"和"名片"，它可以让普通手机用户通过发送短信到某个特服号访问"短信网站"的内容；还可以通过 WAP 的 PUSH（推）技术启动 WAP 网站的访问；针对高端的智能手机，可以通过下载 Java 插件启动手机内置的浏览器，直接访问企业的短信网站或 WAP 网站。信息名址服务将移动通信和有线互联网两大领域的技术优势、网络优势、用户规模优势和应用服务有效地结合起来，为企业业务开展提供了更广阔的应用空间。

3. 移动商圈

移动商圈也称移动商街，它是一个以真实地理商圈为原型的在移动互联网上重构的虚拟商业环境。在这个虚拟商业环境中，商家可以继续发挥真实商圈的品牌力以及汇聚效应，在移动互联网上提供产品和服务，并且开展精准互动营销；而普通用户则可以高效、便捷地选择本地化产品与服务。"移动商圈"实际上只是为商家和消费者搭建了一个基于本地化的移动虚拟商业空间,而要将它真正转化为给商家和消费者的价值,则还要依靠其中的具体应用。移商旺铺应用便是其中之一,它融合了 WAP2.0 新技术。在移商旺铺上,商家和企业可以通过移动终端图文并茂地展示自己最新的产品与服务,发布优惠信息,开展与用户的实时互动,而移动电话则可以随时浏览产品,对比商品和价格,下载电子折扣券,享受购物优惠,并可以接受用户的移动电话预订,成为商家和企业 24 小时都营业的店铺。同时移动商圈的移商采集系统为商家和为企业提供了强大的后台服务。而移动支付的接入,使商圈中的交易变得更加快捷、方便和安全。移动商街还可充分利用其平台应用特点,开展创新的项目合作、汇聚商家、增加人气。移动商圈这种可大规模普及的企业级移动应用服务,在体现服务精准互动性、本地化、个性化方面表现出了优势。而在这种运营模式上,移动商圈的四个参与者:移动运营商、商街运营者(服务商)、商家与企业、消费者之间构成了相对完整的价值链。

4. 移动搜索

移动搜索是指消费者利用手机等移动终端设备,通过 SMS、WAP、IVR 等多种接入方式进行搜索,以获取 WEB、WAP 站点信息、移动增值服务内容以及本地服务等数据信息的一种方式,它能根据移动用户的需求特点提供个性化、地域化、智能化的信息搜索。移动搜索可以根据用户终端位置显示,通过与移动定位服务的紧密结合,为用户提供更有针对性的产品。在搜索方式上主要采用 WAP 搜索、SMS 搜索、语音搜索等几种方式。WAP 搜索支持高级终端进行 WEB 浏览,因此这种方式用户体验好;短信搜索不利于用户体验;语音搜索是语音识别技术和手机搜索相结合的方式,符合用户习惯,使用方便快捷,但技术还不够成熟。移动搜索的互动模式主要是指消费者在利用移动终端进行相关搜索时,获得 WEB、WAP 站点信息,进入企业站点,完成与企业的互动。

5. 无线网站

无线网站也称移动网站,它包括企业自建的 WAP 网站(包括.mobi 域名的移动网站),以及知名企业创建的 WAP 网站(如移动梦网)。企业利用自建的 WAP 网站,能实现与消费者的互动交流,但消费者不太愿意在手机浏览器输入无线网址,因为无线网址的域名较难记忆;而企业利用知名企业创建的 WAP 网站,通过 WAP - PUSH 技术,可将企业的信息主动推送至消费者的手机之中,实现与消费者的互动交流。全球许多知名品牌企业都创建了.mobi 域名的移动网站,这些移动网站已经成功地为客户提供了更加直观的移动体验。

6. 蓝牙互动营销

利用蓝牙技术,可以在商家与消费者之间形成互动,拉近两者的空间距离,缩短了营销手段与购买行为的时间周期。而由蓝牙所主导的户外互动营销网络的精准互动,将移动电话、互联网、户外场所三者有机结合,对消费者行为进行全程分析,明确消费者在哪里,了解消费者所需,触发消费购买行为,让消费者与商家同时成为营销的主角,促进企业的发展。

如今,移动社区、移动微博等许多新的基于移动电子商务技术与平台的互动营销应用模式也已经出现,这些新的形式的互动过程机理没有发生根本变化,它们正引领着企业移动电子商务互动营销应用模式不断创新。

三、移动电子商务一对一营销

(一) 一对一营销的定义

一对一营销,亦称"121营销"、"1—2—1营销"或"1对1营销"等。是一种客户关系管理(CRM)战略,它为公司和个人间的互动沟通提供具有针对性的个性化方案。一对一营销的目标是提高短期商业推广活动及终身客户关系的投资回报率(ROI)。最终目标就是提升整体的客户忠诚度,并使客户的终身价值达到最大化。而移动设备的普及让一对一营销更加完美的呈现出来了。

(二) 一对一营销的优缺点

与传统的营销方式相比,一对一营销主要具有以下优点:

1. 能极大地满足消费者的个性化需求,提高企业的竞争力。

2. 以销定产,减少了库存积压传统的营销模式中,企业通过追求规模经济,努力降低单位产品的成本和扩大产量,来实现利润最大化。这在卖方市场中当然是很有竞争力的。但随着买方市场的形成,这种大规模的生产产品品种的雷同,必然导致产品的滞销和积压,造成资源的闲置和浪费,一对一营销则很好地避免了这一点。因为这时企业是根据顾客的实际订单来生产,真正实现了以需定产,因而几乎没有库存积压,这大大加快了企业资金的周转速度,同时也减少了社会资源的浪费。

3. 有利于促进企业的不断发展,创新是企业永保活力的重要因素,但创新必须与市场及顾客的需求相结合,否则将不利于企业的竞争与发展。传统的营销模式中,企业的研发人员通过市场调查与分析来挖掘新的市场需求,继而推出新产品。这种方法受研究人员能力的制约,很容易被错误的调查结果所误导。

而在一对一营销中,顾客可直接参与产品的设计,企业也根据顾客的意见直接改进产品,从而达到产品在技术上的创新,并能始终与顾客的需求保持一致,从而促进企业的不断发展。

当然,一对一营销也并非十全十美,它也有其不利的一面。

1. 由于一对一营销将每一位顾客视作一个单独的细分市场,这固然可使每一个顾客按其不同的需求和特征得到有区别的对待,使企业更好地服务于顾客。但另一方面也将导致市场营销工作的复杂化,经营成本的增加以及经营风险的加大。

2. 技术的进步和信息的快速传播,使产品的差异日趋淡化,今日的特殊产品及服务,到明天则可能就大众化了。产品、服务独特性的长期维护工作因而变得极为不容易。

"一对一营销"不仅要求营销人面对顾客时要时刻保持态度热情,更重要的是,它要求营销人能识别、追踪、记录并最终能满足个体消费者的个性化需求。

所以,"一对一营销"的基础是企业与顾客建立起一种新型的学习关系,即通过与顾客的一次次接触而不断增加对顾客的了解。利用学习关系,企业可以根据顾客提出的要求以及对顾客的了解,生产和提供完全符合单个顾客特定需要的顾客化产品或服务,最后即使竞争者也进行"一对一"的关系营销,你的顾客也不会轻易离开,因为他还要再花很多的时间和精力才能使竞争者对他有同样程度的了解。

(三)一对一营销的四个步骤

1. 识别你的客户

企业在启动一对一营销之前,必须与大量的客户进行直接接触。重要的是要获取更多的细节,并且牢记这是一个永不停息的过程。应该了解的不仅仅是客户的名字、住址和联系方法,还包括他们的购买习惯、爱好等信息。不要认为发张问卷就完事了,还要通过每一次接触、每一个渠道、每一个地点、企业的每一个部门来获得这些信息。只要客户可能对你的任何一种产品或服务产生购买欲望,就要将其信息收入数据库。

2. 对客户进行差异分析

不同客户之间的差异主要在于两点:对产品的需求不同,对公司的商业价值不同。试着把你的客户分为 A、B、C、D 等不同的类别。一个 A 级客户的价值也许无法完全用金钱来加以衡量:一流的客户在帮助你完成业绩方面可能拥有关键的作用。与之相反,C 级或 D 级客户在和你打交道的时候或许会为你带来负面的影响。对客户进行有效的差异分析,可以帮助企业更好地优化配置资源,使产品或服务的改进更有成效。牢牢掌握最有价值的客户,才能取得最大的效益。

3. 与客户保持积极接触

客户交流是企业成长战略的一个重要组成部分。实施一对一营销,就要探索客户过去买了些什么,发现客户的最终价值,然后开发能够从客户身上获取的递增的业务。也就是通过更全面、具体地了解客户来挖掘其"战略价值"。通过这一步骤,最好的、最有效的公开交流渠道被建立起来。无论使用网站还是呼叫中心,目的都是降低与客户接触的成本,增加与客户接触的收效,最终找到与客户建立学习型关系的办法。客户的反馈在此阶段中非常关键。

4. 调整产品或服务以满足每位客户的需要

如果你了解了客户的需求,就应立即采取行动,并且提供能够为他们带来额外收益的产品或服务。要想把客户锁定在学习型关系中,因人制宜地将自己的产品或服务加以个性化必不可缺。这可能会涉及大量的定制工作,而且调整点一般并不在于客户直接需要的产品,而是这种产品"周边"的某些服务,诸如分发产品的方式、产品的包装样式等。向客户准确地提供他们需要的东西,客户的忠诚度就会大大提高。

四、移动电子商务个性化营销

(一)定义

所谓个性化营销,最简单的理解就是量体裁衣。具体来说,就是企业面向消费者,直接服务于顾客,并按照顾客的特殊要求制作个性化产品的新型营销方式。它避开了中间环节,注重产品设计创新、服务管理、企业资源的整合经营效率,实现了市场的快速形成和裂变发展,是企业制胜的有力武器。特别是随着信息技术的发展,个性化营销的重要性日益凸显。而手机、平板电脑等设备都是比较个性化的设备,移动商务借助个性化营销可以说是如虎添翼,这样在满足消费者个性化的需求的同时,就神不知鬼不觉的在消费者中达到了企业所需要的效果。

(二)目标

1. 更高效的新用户发展

有统计显示,获取一名新用户的成本是保留一名现有客户的七倍。这就需要企业能够精确进行目标客户定位,理解客户的需要和需求,策划和执行高效的营销活动,通过最恰当的营销渠道和沟通策略向客户传递正确的营销意图。

2. 更高的客户忠诚度

客户服务营销的一个最重要的目的就是要提高客户的满意度,通过营销与服务流程的优化,改善客户体验,从而提高客户满意度,降低客户流失率。有统计显示,获取一名新用户的成本是保留一名现有客户的七倍之多。这就需要企业能够真正理解客户的需要和需求,对产品和服务的设计和提供过程进行有效的分析,不仅能够识别客户的忠诚度和生命周期价值,并能通过整合的营销沟通策略来优化与客户的关系。

3. 更大的客户占有率

在激烈的客户竞争中,仅仅简单将营销目标定位于保留客户是远远不够的,而应当让客户将更多的消费集中于该企业的产品和服务上,让客户享用企业更多的产品与服务组合,或是提高客户在某一产品或服务上的消费水平,即提高忠诚客户的占有率变得越来越重要。通过交叉销售、向上销售来提高客户的购买水平是最直接采用的营销方式。但企业的营销经理仍然面临着几大难题:如何保证销售活动的效果? 向哪些客户进行营销? 向他们推荐什么产品和服务? 什么时间以什么方式进行?

4. 更佳的营销投资回报率

很多企业已经认识到,当定位于不同的客户、不同的营销渠道、不同的产品和服务时,营销投资回报率经常会有较大的差异。要保证营销投资回报率,就需要理解客户的生命周期价值,根据不同的客户价值来优化并控制产品与服务的提供成本,加强营销风险管理能力等等。企业的营销经理都已经认识到,并非所有的客户都应等同对待。企业应当为那些为企业带来高额利润的客户提供更好的服务,而对于那些带来较低收益的客户提供与其提供价值相对等的服务,并通过服务营销来提升客户的收益贡献水平和利润贡献率。

(三)个性化营销的具体策略

1. 促销策略

一是充分发挥传统的广告、人员推销、营业推广、公共关系等促销手段的作用,在宣传中要突出企业生产的弹性化,能满足不同消费者的个性化需求。二是通过互联网这一信息通道进行产品、企业信息的传播,要注意追踪每一位顾客,分别与之进行沟通,除将必要的信息传递给每一位特定的顾客外,还要搜集顾客的需求信息。三是特别介绍企业为顾客提供个性化服务的能力,在售前、售中、售后,只要消费者有特殊要求,均可满足,以赢得每一位顾客。

2. 价格策略

由于消费者的需求趋于个性化,企业要改变传统的单一定价策略,利用计算机技术和信息技术,以需求为导向,根据不同的消费需求和价格弹性分别定价。要注意运用以下策略:一是理解价值定价策略,二是差别定价策略,三是声望定价策略。

3. 产品策略

首先要建立“顾客库”。掌握顾客的姓名、住址、电话号码或银行帐号,搜集包括顾客习惯、偏好在内的所有尽可能多的信息资料,还要注意记录企业与顾客发生的每一次联系。比如顾客购买的数量、价格、采购的条件、特定的需要、家庭成员的姓名和生日等,这些均为产品开发的前提。其次,企业要充分利用先进科技和发达的网络系统,进一步完善计算机辅助设计,实现适合于个性化生产的模块化设计和模块化制造,生产线也必须是柔性的,以适合于个性化生产。最后,开发个性产品。企业可以按照以下方式进行:“一对一”生产;消费者自己动手做;厂家设计的产品,花色、品种、款式、型号尽可能多,供消费者在这个范围内自己选择,挑出最适合自己的。

4. 渠道策略

由于产品的个性化,企业可采取前向一体化的策略,跳过中介直接面向消费者,从而更快更方便地满足消费者的需求。可运用以下策略:一是渠道结构扁平化,二是渠道终端个性化,三是渠道关系互动化。

(四) 个性化营销的实施步骤

个性化营销的执行和控制是一个相当复杂的机制,它不仅意味着每个面对顾客的营销人员要时刻保持态度热情、反应灵敏,更主要也是最根本的是,它要求能识别、追踪、记录个体消费者的个性化需求并与其保持长期的互动关系,最终能提供个性化的产品或服务,并运用针对性的营销策略组合去满足其需求。所以,个性化营销的基础和核心是企业与顾客建立起一种新型的学习关系,即通过与顾客的一次次接触而不断增加对顾客的了解。利用学习关系,企业可以根据顾客提出的要求以及对顾客的了解,生产和提供完全符合单个顾客特定需要的顾客化产品或服务,最后即使竞争者也进行“一对一”的关系营销,你的顾客也不会轻易离开,因为他还要再花很多的时间和精力才能使竞争者对他有同样程度的了解。

个性化消费正在成为市场环境的主要特点,因此,满足不同消费个体的差异化需要的能力如个性化的营销和个性化的生产能力等是企业生存发展的核心能力,营销特征全面转向个性化,企业需要在消费者的个性化需求和规模效益之间找到最佳契合点。建议企业通过完成下列四步来实现对自己产品或服务的“个性化营销”:

1. 建立目标顾客数据库

营销者对顾客资料要有深入、细致的调查、了解,掌握每一位顾客的详细资料对企业来说相当关键。对于准备实施"个性化营销"的企业来讲,关键的第一步就是能直接挖掘出一定数量的企业顾客,且至少大部分是具有较高价值的企业顾客,建立自己的"顾客库",并与"顾客库"中的每一位顾客建立良好关系,以最大限度地提高每位顾客的价值。仅仅知道顾客的名字、住址、电话号码或银行账号是远远不够的,企业必须掌握包括顾客习惯、偏好在内的所有其他尽可能多的信息资料。企业可以将自己与顾客发生的每一次联系都记录下来,例如顾客购买的数量、价格、采购的条件、特定的需要、业余爱好、家庭成员的名字和生日等等;"个性化营销"要求企业必须从每一个接触层面、每一条能利用的沟通渠道、每一个活动场所及公司每一个部门和非竞争性企业收集来的资料中去认识和了解每一位特定的顾客。

2. 企业顾客差别化

"个性化营销"较之传统目标市场营销而言,已由注重产品差别化转向注重顾客差别化。从广义上理解顾客差别化主要体现在两个方面:一是不同的顾客代表不同的价值水平;二是不同的顾客有不同的需求。因此,"个性化营销"认为,在充分掌握了企业顾客的信息资料并考虑了顾客价值的前提下,合理区分企业顾客之间的差别是重要的工作内容。顾客差别化对开展"个性化营销"的企业来说,一者可以使企业的"个性化"工作能有的放矢,集中有限的企业资源从最有价值的顾客那里获得最大的收益,毕竟企业不可能有同样的能力与不同的顾客建立学习关系,从不同的顾客那里获取相同的利润;二者企业也可以根据现有的顾客信息,重新设计生产行为,从而对顾客的价值需求做出及时的反应;三者企业对现有"顾客数据库"进行一定程度和一定类型的差别化将有助于企业在特定的经营环境下制定合适的经营战略。

3. 目标顾客沟通

面对"个性化营销",我们熟悉的一些大众媒介已经不再能满足需要,这就要求企业寻找、开发、利用新的沟通手段。计算机产业以及信息技术的高速发展,为企业与顾客提供了越来越多的"一对一"沟通选择,例如现在有些企业通过网络站点向他们的目标客户传输及获取最新最有用的信息,较之利用客户拜访中心大大节约了成本。当然,传统的沟通途径如人员沟通、顾客俱乐部等的沟通功效仍不能忽视。

4. 企业行为定制

"个性化营销"建议的最后一步是定制企业行为。分析以后再重构。将生产过程重新解剖,划分出相对独立的子过程,再进行重新组合,设计各种微型组件或微型程序,以较低的成本组装各种各样的产品以满足顾客的需求;采用各种设计工具,根据顾客的具体要求,确定如何利用自己的生产能力,满足顾客的需要,即"个性化营销"最终实现的目标是为单个顾客定制一件实体产品或提供定制服务。

五、移动电子商务深度营销

深度营销,就是建立在互联网基础上,以企业和顾客之间的深度沟通、认同为目标,从关心人的显性需求转向关心人的隐性需求的一种新型的、互动的、更加人性化的营销新模式、新观念。在移动商务中借助于互联网深度营销，可以更好地对消费者开展，更好地深入人心。

然而互动营销，个性化营销，一对一营销，深度营销都是围绕着网络营销为中心展开的，如图 4.3.1 所示。

图 4.3.1　个性化营销，一对一营销，深度营销，互动营销

正因为有"四大护法"（个性化营销，一对一营销，深度营销，互动营销）的保驾护航，移动商务营销模式才能成为一个完整的整体。

六、营销模式实施的建议

经过以上对移动商务营销模式的分析，移动商务营销的开展都是基于网络营销开展的，特别是现在智能机的普及，手机就相当于移动电脑。移动商务的营销模式以一对一营销、深度营销、互动营销、个性化营销为指导思想，用移动网络营销来对此展开，从而才能有更好的受众，营销也会更加的深入人心。对移动商务发展有以下的建议：

（一）刺激和创造消费者的"服务"需求，做好深度营销

开发商和运营商在移动电子商务这个新的商业领域的开拓，最重要的是创造需求，和消费者进行深度沟通，了解消费者所需要的。通过开发和使用新的技术，来增加用户对移动电子商务的服务需求。

（二）借助网络营销，充分利用移动广告

采用网络营销模式，并结合移动广告和一般网络广告类似的特点，使其具有很好的交互作用。首先，通过移动广告能为客户提供一些针对性的服务，从而为客户带来极大乐趣和大量的知识。其次，通过移动广告还能为客户提供大量商务方面的信息，如用户目前的活动、用户目前的位置、用户的消费信息等等。再次，移动广告还能在娱乐、餐饮、购物等行业得以引用，从而为人们提供丰富的创收方式和直销方式。从移动网络运营商角度看，面临网络竞争威胁的移动运营商不仅可以使用移动广告留住重要老客户，还可以吸收新的客户。

（三）利用微博做好移动互动营销

当下最火的就是微博，因为其传播速度刚好迎合了现今的快节奏生活，利用微博互动会更方便、精准。用微博来做互动营销的理由：

1. 微博操作简单，信息发布便捷。一条微博，最多 140 个字，只需要简单的构思，就可以完成一条信息的发布。这点就比博客要方便得多。毕竟构思一篇好博文，需要花费很多的时间与精力。企业做互动的内容可以是介绍自己品牌，也可以是分享产品使用方法。

2. 微博互动性强，能与粉丝即时沟通，及时获得用户反馈。哪怕是产品用户在上班的路上或者咖啡厅，都可以及时互动。做微博营销的成本比做 SEM 或是做论坛营销的成本低很多。投入最多的是心思，企业微博需要专人维护。

3. 微博的针对性强。关注企业或者产品的粉丝都是本产品的消费者或者是潜在消费者，企业可以对其进行精准营销。

（四）挖掘客户个性，做好个性化营销

寻找个性之根，首要任务是寻找品牌个性在哪里，品牌的个性常常由四个元素构成：个性化顾客、个性化需求、个性化产品、个性化区域。

形成个性之树，企业家必须从服务、业务、管理流程进行优化，以确保整个经营体系能够去支持、形成和持续改进品牌个性，这不是空洞的漂亮话，而是可以真真切切地为顾客所感知。

传播个性之花，最后一步就是对品牌个性进行深度的传播，使得品牌个性成为占据潮头的竞争优势。个性营销的本质在于通过价值创新来引导市场，而非迎合市场，这是个性营销的优势和魅力所在。可以说，"定制营销理念"是市场微观化发展中的必然产物，它要求个性礼品能够提供给市场以多种产品的选择，使消费者"一旦拥有，别无所求"。

移动商务在飞速发展，给人们的生活带来了方便，给企业带来了利润，我相信日后定会有长足的发展潜力。

六、微信营销

微信营销是网络经济时代企业营销模式的一种，是伴随着微信的火热而兴起的一种网络营销方式。微信不存在距离的限制，用户注册微信后，可与周围同样注册的"朋友"形成一种联系，订阅自己所需的信息，商家通过提供用户需要的信息，推广自己的产品，从而实现点对点的营销。

微信营销主要体现在以安卓系统、苹果系统、windowsphone8.1 系统的手机或者平板电脑中的移动客户端进行的区域定位营销，商家通过微信公众平台二次开发，如对接微信会员云营销系统展示商家微官网、微会员、微推送、微支付、微活动、微 CRM、微统计、微库存、微提成、微提醒等，已经形成了一种主流的线上线下微信互动营销方式。

微信营销，一个新型的互联网方式应运而生，并且不少的企业和个人都从中尝到了不少的甜头，发展前景也非常值得期待。相对于一些传统的互联网，微信营销有很大优势。

据可靠的数据资料显示,在微信营销后的一年多时间内,微信的用户数量就达到了庞大的一亿,发展空间堪称恐怖。毫无疑问,微信已经成了当下最火热的互联网聊天工具,而且根据腾讯 QQ 的发展轨迹看,我们有理由相信微信的用户量并不仅仅限于一亿这个数量,发展空间仍然很广阔。

随着智能手机越来越普及,微信已经慢慢地从高收入群体走向大众化,几年之后,或许会出现这样的一个场景,中国智能手机软件市场上微信屹然成了霸主,就类似于如今电脑聊天工具中的 QQ 地位一样,无法撼动。

信息交流的互动性更加突出,虽然前些年火热的博客营销也有和粉丝的互动,但是并不及时,除非你能天天守在电脑面前,而微信就不一样了,微信具有很强的互动及时性,无论你在哪里,只要你带着手机,就能够很轻松的同你的未来客户进行很好的互动。

能够获取更加真实的客户群,博客的粉丝中存在着太多的无关粉丝,并不能够真真实实的为你带来几个客户,但是微信就不一样了,微信的用户却一定是真实的、私密的、有价值的,也难怪有的媒体会这样比喻"微信 1 万个听众相当于新浪微博的 100 万粉丝",虽然有夸张成分,但却有一定的依据性。

很多企业把微信当作移动微博,总是一味地在向客户传达信息,而没有认真地关注客户的反馈。有互动功能的,也只是在微信后台设置好一些快捷回复的方案,但这种缺乏人性化的沟通方式,极大地损害了用户体验,就如同风靡一时的电子宠物无法长久流行的原因一样。当客户的咨询无法得到满意回复后,他们唯一的选择就是取消关注。而人工微信客服的核心优势,就在于实现了人与人的实时沟通,此时客户所面对的是一个个专业、服务质量优秀的客服人员,对于客户的咨询可以给出满意的回复。

(一)优势

1. 高到达率

营销效果很大程度上取决于信息的到达率,这也是所有营销工具最关注的地方。与手机短信群发和邮件群发被大量过滤不同,微信公众账号所群发的每一条信息都能完整无误地发送到终端手机,到达率高达 100%。

2. 高曝光率

曝光率是另外一个衡量信息发布效果的指标,信息曝光率和到达率完全是两码事,与微博相比,微信信息拥有更高的曝光率。在微博营销过程中,除了少数一些技巧性非常强的文案和关注度比较高的事件被大量转发后获得较高曝光率之外,直接发布的广告微博很快就淹没在了微博滚动的动态中了,除非你是刷屏发广告或者用户刷屏看微博。

而微信是由移动即时通信工具衍生而来,天生具有很强的提醒力度,比如铃声、通知中心消息停驻、角标等,随时提醒用户收到未阅读的信息,曝光率高达 100%。

3. 高接受率

正如上文提到的,微信用户已达 3 亿之众,微信已经成为或者超过类似手机短信和电子邮件的主流信息接收工具,其广泛和普及性成为营销的基础。君不见那些微信大号动辄数万甚至十数万粉丝?除此之外,由于公众账号的粉丝都是主动订阅而来,信息也是主动获取,完全不存在垃圾信息遭致抵触的情况。

4. 高精准度

事实上,那些拥有粉丝数量庞大且用户群体高度集中的垂直行业微信账号,才是真正炙手可热的营销资源和推广渠道。比如酒类行业知名媒体佳酿网旗下的酒水招商公众账号,拥有近万名由酒厂、酒类营销机构和酒类经销商构成粉丝,这些精准用户粉丝相当于一个盛大的在线糖酒会,每一个粉丝都是潜在客户。

5. 高便利性

移动终端的便利性再次增加了微信营销的高效性。相对于 PC 电脑而言,未来的智能手机不仅能够拥有 PC 电脑所能拥有的任何功能,而且携带方便,用户可以随时随地获取信息,而这会给商家的营销带来极大的方便。

(二) 模式分析

1. 草根广告式——查看附近的人

产品描述:微信中基于 LBS 的功能插件"查看附近的人"便可以使更多陌生人看到这种强制性广告。

功能模式:用户点击"查看附近的人"后,可以根据自己的地理位置查找到周围的微信用户。在这些附近的微信用户中,除了显示用户姓名等基本信息外,还会显示用户签名档的内容。所以用户可以利用这个免费的广告位为自己的产品打广告。

营销方式:营销人员在人流最旺盛的地方后台 24 小时运行微信,如果"查看附近的人"使用者足够多,这个广告效果也会随着微信用户数量的上升,可能这个简单的签名栏也许会变成移动的"黄金广告位"。

2. 品牌活动式——漂流瓶

产品描述:移植到微信上后,漂流瓶的功能基本保留了原始简单易上手的风格。

功能模式:漂流瓶有两个简单功能:(1)"扔一个",用户可以选择发布语音或者文字然后投入大海中;(2)"捡一个","捞"大海中无数个用户投放的漂流瓶,"捞"到后也可以和对方展开对话,但每个用户每天只有 20 次机会。

营销方式:微信官方可以对漂流瓶的参数进行更改,使得合作商家推广的活动在某一时间段内抛出的"漂流瓶"数量大增,普通用户"捞"到的频率也会增加。加上"漂流瓶"模式本身可以发送不同的文字内容甚至语音小游戏等,如果营销得当,也能产生不错的营销效果。而这种语音的模式,也让用户觉得更加真实。但是如果只是纯粹的广告语,是会引起用户反感的。

3. O2O 折扣式——扫一扫

产品描述:二维码发展至今,其商业用途越来越多,所以微信也就顺应潮流结合 O2O 展开商业活动。

功能模式:将二维码图案置于取景框内,然后你将可以获得成员折扣、商家优惠亦或是一些新闻资讯。

营销方式：移动应用中加入二维码扫描这种 O2O 方式早已普及开来，坐拥上亿用户且活跃度足够高的微信，价值不言而喻。

4. 互动营销式——微信公众平台

产品描述：对于大众化媒体、明星以及企业而言，如果微信开放平台＋朋友圈的社交分享功能的开放，已经使得微信作为一种移动互联网上不可忽视的营销渠道，那么微信公众平台的上线，则使这种营销渠道更加细化和直接。

5. 微信开店

这里的微信开店（微信商城）并非微信"精选商品"频道升级后的腾讯自营平台，而是由商户申请获得微信支付权限并开设微信店铺的平台。截止 2013 年底，公众号要申请微信支付权限需要具备两个条件：第一必须是服务号；第二还需要申请微信认证，以获得微信高级接口权限。商户申请了微信支付后，才能进一步利用微信的开放资源搭建微信店铺。

4.4　移动营销的成功经验

一、亚马逊

（一）亚马逊的简介

亚马逊公司（Amazon，简称亚马逊；NASDAQ：AMZN），是美国最大的一家网络电子商务公司，位于华盛顿州的西雅图，是网络上最早开始经营电子商务的公司之一。亚马逊成立于 1995 年，一开始只经营网络的书籍销售业务，现在则扩及了范围相当广的其他产品，已成为全球商品品种最多的网上零售商和全球第二大互联网企业，在公司名下，也包括了 AlexaInternet、a9、lab126 和互联网电影数据库（Internet Movie Database，IMDB）等子公司。

亚马逊及其他销售商为客户提供数百万种独特的全新、翻新及二手商品，如图书、影视、音乐和游戏、数码下载、电子和电脑、家居园艺用品、玩具、婴幼儿用品、食品、服饰、鞋类和珠宝、健康和个人护理用品、体育及户外用品、玩具、汽车及工业产品等。

2004 年 8 月亚马逊全资收购卓越网，使亚马逊全球领先的网上零售专长与卓越网深厚的中国市场经验相结合，进一步提升客户体验，并促进中国电子商务的成长。

1. 成立

亚马逊公司是在 1995 年 7 月 16 日由杰夫·贝佐斯（Jeff Bezos）成立的，一开始叫 Cadabra。性质是基本的网络书店。然而具有远见的贝佐斯看到了网络的潜力和特色，当实体的大型书店提供 20 万本书时，网络书店能够提供比 20 万本书更多的选择给读者。因此贝佐斯将 Cadabra 以地球上孕育最多种生物的亚马逊河重新命名，于 1995 年 7 月重新开张。该公司原于 1994 年在华盛顿州登记，1996 年时改到德拉瓦州登记，并在 1997 年 5 月 15 日时股票上市。代码是 AMZN，一股为 18 美元（截止 2012 年 10 月 12 日收市，股价为 242.36 美元）。

亚马逊公司的最初计划是在 4 到 5 年之后开始有营利，2000 年的网络泡沫使亚马逊公司平稳成长的风格成为独树一帜的佳话。在 20 世纪 90 年代,有相当多网络公司快速成长,当时亚马逊公司的股东不停抱怨贝佐斯的经营策略太过保守和缓慢,而网络泡沫时候,那些快速成长的网络公司纷纷结束营业,只有亚马逊还有获利。2002 年的第四季,亚马逊的纯利约有 500 万美金,2004 年则成长到 3 亿多美金。

2. 发展现状

DVD,软件,家电,厨房项目,工具,草坪和庭院项目,玩具,服装,体育用品,鲜美食品,首饰,手表,健康和个人关心项目,美容品,乐器等等应有尽有。

在 2004 年 1 月,亚马逊更推出总统候选人特别活动,鼓励顾客捐赠从 5 到 200 美元给他们心目中理想的美国总统候选人,做为竞选活动经费。1999 年贝佐斯因经营策略得法,成为了时代杂志的年度人物。

2009 年 7 月 8 日,亚马逊官方网站曾被封锁。政府没有对封锁给出任何理由说明。如今可登录 ,亚马逊旗下网站 IMDb 如今可以登录。

2010 年 3 月 15 日,已拥有 23 大类、超过 120 万种商品的网上商城卓越亚马逊发布了"网络购物诚信声明白皮书",主要就消费者网购普遍关心的"正品"和"退换"问题,针对售前和售后的诚信保证做出具体阐释。卓越亚马逊认为,网购诚信主要分为"售前诚信"和"售后诚信"。售前诚信指消费者对于网络商城品牌的信任度以及每件商品是否是"正品"。

对此,卓越亚马逊对消费者推出了"天天低价、正品保证"的承诺。卓越亚马逊总裁王汉华解释说:"作为全球商品品种最多的网上零售商亚马逊在中国的站点,卓越亚马逊在软件数码、家电 3C、玩具礼品等各类商品都有正品保证。"

亚马逊中国发展迅速,每年都保持了高速增长,用户数量也大幅增加。已拥有 28 大类,近 600 万种的产品。

2012 年 9 月 6 日,亚马逊在发布会上发布了新款 Kindle Fire 平板电脑,以及带屏幕背光功能的 Kindle Paperwhite 电子阅读器。

2013 年 3 月 18 日,亚马逊已经制作了一系列大预算的电视剧集,这些剧集仅可通过互联网观看,原因是这家公司正在与 Netflix 展开"战争",竞相利用人们对于在智能手机、平板电脑和互联网电视上观看电视节目的兴趣,以扩大自身在流媒体播放服务这一领域中的占有率。

由于亚马逊提供的亚马逊云服务在 2013 年来的出色表现,著名 IT 开发杂志 SD Times 将其评选为 2013 SD Times 100,位于"API、库和框架"分类排名的第二名,"云方面"分类排名第一名,"极大影响力"分类排名第一名。

2014 年 5 月 5 日,推特与亚马逊联手,开放用户从旗下微网志服务的推文直接购物,以增加电子商务的方式保持会员黏著度。

2014 年 8 月 13 日,亚马逊推出了自己的信用卡刷卡器 Amazon Local Register,进一步向线下市场扩张。

(二)亚马逊取得成功的原因

和 eBay 一样,亚马逊是首个看到移动电子商务价值的品牌,而且目前在移动领域已经奠定了领袖的地位。他的移动站点和 Apps 都非常成功,维持了他在电商领域的领导地位并扩大了市场触角。

让我们一同来看看,让亚马逊移动电商取得成功的 12 个原因。

1. 有移动站点

这个说起来非常简单,但让人惊讶的是,仍然只有少数的零售商拥有移动优化站点。据估计,80%的品牌没有移动站点,英国前 20 家零售网站中只有 12 家拥有移动优化的站点。

2. 便捷的重复购买

亚马逊的一键式支付方式对其成功有莫大的推动作用,让购买变得极为简单,从而激励用户不断回来。

通过记下用户的信用卡信息和投递地址,于是用户只需输入用户名和密码即可完成购买。这点在手机上尤为重要,因为用户不愿意浪费时间在智能手机上输入信用卡信息。

来自 Rackspace 的调研也发现手机能够激发用户的冲动购买,尤其对于衣服和音乐,因此零售商能够将结帐流程尽可能简化是非常重要的。

3. 进入得早

这是另一个显见的原因,它在其他人之前看到移动电商的价值,并在其他零售商进入前先奠定了其作为主要移动零售商的地位。

这也意味着亚马逊花了很多的时间来发展和定义其移动平台,这也是其移动用户体验那么好的原因。

4. 在移动站点和 Apps 间保持体验的一致性

尽管不是一模一样,但亚马逊的移动平台拥有相似的设计,这样用户使用的时候就会相当舒适。购物篮和搜索功能放在相似的位置,同时在首页显示推荐产品。

5. 大的购买按钮

移动的鼓励购买按钮一定要大、鲜艳和醒目,这样用户就不会找不到。在理想的情况下,还应该能够制造急迫感让用户直接进入结帐环节,亚马逊显然做到了。

6. 所有平台统一的购物篮

亚马逊的购物篮被设计成可以在桌面和移动平台中自动同步。于是如果你在 PC 上将 DVD 添加到购物篮中,它会立即出现在 App 中,这非常有道理,因为它可以适应人们在多个渠道间研究和切换的需求。

这个功能容易被人忽略,但却是提供客户在不同渠道间一致性体验的最佳案例。

7. 搜索预测

亚马逊的站内搜索性能排名第一,而且它在多个平台都提供了搜索关键词预测功能。在搜索结果的相关性方面,亚马逊同样表现很好。提供了多种过滤选项,而且能够智能纠错。

搜索预测和拼写纠错对于手机用户非常重要,因为它能减少用户输入词的时间,减少因为输入错误而引发的挫败感。

8. 条码扫描

为了让产品搜索更加方便,亚马逊的移动应用提供了条码扫描功能,能够让用户迅速获取产品细节和成本。

亚马逊目前并没有实体店,所以这是一种能够将触角伸到实体零售的好方式。亚马逊的优势在于提供比线下商店低价的产品,因此如果用户在店内扫描的话,他们更可能在亚马逊上购买更便宜的产品。

当用户在线下零售商中排队时,这个功能尤其有效。

9. Apps 针对所有平台

很多零售商的移动策略仅仅针对 iPhone,尽管 Android 平台所占的份额超过 50%。其中一个原因是 iPhone 用户的价值更高,另外也是因为针对 iOS 设计比较容易,但是亚马逊却针对所有平台推出了 Apps,包括黑莓和 windows phone。

10. 优秀的产品页面

在手机上设计一个有吸引力且有说服力的页面是一种艺术,因为你要在不让屏幕那么拥挤的环境下提供用户购买所需的信息。

亚马逊在产品页面设计上几乎囊括了所有的成功设计理念。其中一个优秀的功能是用户评论,研究发现 88% 的用户总是或经常依靠评论来购买,60% 的人更乐意在有评论的站点购买。

亚马逊也通过交叉销售,如看过这个产品的用户还看过哪些产品来促进用户获取信息。另外也有较适当的产品描述,几张大图,配送细节,库存信息和社交分享按钮等。

11. 个性化触点

不管在 App 上还是在移动站点上,如果有帐号,亚马逊都能够欢迎你到达首页。个性化触点也延伸到产品推荐,亚马逊在他的移动站点和 Apps 上展示推荐信息。可以帮助用户快速找到想要的商品,鼓励冲动购买。

12. 产品范围

亚马逊提供的丰富多样的产品是支持其成功的基础之一。

二、微信营销的成功案例

对整个互联网来说,2013 年无疑是属于微信宏图大展的一年。各大行业纷纷入驻微信平台,进行了丰富多彩的功能开发,呈现了很多精彩的微信营销案例。连张小龙都说:有时候看到一个账号,我们自己都惊讶,原来微信还可以这么玩!

随着微信 5.0 的上线和"微信·公众"合作伙伴沟通会的召开,各大第三方开发者有了更大的开发想象空间,也给了各大企业客户更多的期待。今天,由微信海商学院经过广泛调研,结合专业点评,来盘点一下 2013 年成功的 10 大微信营销案例,研究一下它们的经营模式,希望对广大的微信公众账号的运营者以及企业有所指导。

1. 南航微信（亮点：服务＋沟通）

如图 4.4.1 所示为南航微信。

图 4.4.1　南航微信

中国南方航空公司开通官方微信，在线值机、查询里程、航班动态、办理登机牌、机票预订、票价查询、明珠会员、城市天气查询、机票验真等这些以往只能在 PC 端实现的功能，在"南航官网"微信公众账号上都可以非常便捷地实现，微信公众账号已经成为一个独立的 App 了。

南航总信息师胡臣杰曾表示："对今天的南航而言，微信的重要程度，等同于 15 年前南航做网站！"也正是由于对微信的重视，如今微信已经跟网站、短信、手机 App、呼叫中心，一并成为南航五大服务平台。

2. 中国银行北京分行（亮点：活动＋推广）

如图 4.4.2 所示为中国银行北京发行微信。

图 4.4.2　中国银行北京分行微信

　　"中国银行北京分行"微信公众号是中国银行携手微信海公司在微信端的试点,2014年6月份正式上线以来,每个月都策划运营了大型的主题活动,比如6、7月份的"招兵买马",8、9月份的"壁纸点点来",10月份的"幸福满墙",11月份的"中行伴我游",12月份的"欢乐砸金蛋"……这些活动都是在微信基础上进行的策划、开发和运营,从数据可以看到,做活动及推广比没做活动情况下的粉丝要多10倍以上。

　　同时,由于此账号可以实现直接在线预约购买贵金属、预约大额现金、预约贷款、汇率查询等高级功能,转化而来的用户都成为了铁杆粉丝,而且借助地理位置,实现本地O2O便携式办理业务,走出一条服务的新路。笔者从中行内部了解到,中行明年12个月的活动都已经策划完毕,每个月都会给广大中行用户带来惊喜大礼,这无疑给我们带来无限期待。

　　3. 咖啡陪你caffebene(亮点:门店会员+明星效应推广)

　　如图4.4.3所示为咖啡陪你微信。

图4.4.3　咖啡陪你微信

　　韩国一线帅哥红星张根硕,作为咖啡陪你的品牌代言人,在caffebene2013年的品牌推广过程中功劳巨大。

　　据了解,咖啡陪你目前在中国有17家门店,其计划是力争在2015年之前在中国的分店达到5 000家。咖啡陪你微信公众账号,对全国的门店进行微信端统一管理,领取会员卡,即可去门店享受特价咖啡。"张根硕请你喝咖啡"这一活动,无疑赢得了全国各地"迷恋"张根硕的鳗鱼们的疯狂转发和参与。明星效应,着实不可小觑。

4. 唯品会(亮点:微信营销理念)

如图 4.4.4 所示为叽品会微信。

图 4.4.4　唯品会微信

"唯品会,一个做特卖的网站。"

习惯于网购的潮人们,这句话估计已经无人不知无人不晓了。唯品会秉承这个一以贯之的服务理念,再结合手机端用户时间碎片化、节省流量的用户习惯和特点,唯品会官方微信公众号每天都会给用户推送几款名品折扣产品,现在已经可以直接实现在线购买和支付。体验非常便捷,这也是唯品会微信公众号一经上线就受到广大用户热捧的原因之一。

5. 友宝(亮点:微信支付)

如图 4.4.5 所示为友宝微信支付。

图 4.4.5　友宝微信支付

打开钱包,却找不到零钱和钢镚儿,只能望着自动售货机的饮料干瞪眼?

2013 年 8 月 13 日,友宝联合微信在中国互联网大会上大赚眼球:微信用户通过友宝,使用微信支付完成交易,即可享受全场饮料一元购的优惠,每个用户有两次"一元购"

机会。而用户现在可以通过两种方式完成交易,一是在公众账号中完成绑定,扫码取货;二是通过扫二维码,绑卡完成支付。

因购买方式快捷、新鲜,刚一面世就吸引不少年轻人尝试,刮起一阵移动支付的浪潮。目前,"一元购"的活动已经覆盖了北京地铁站 300 台友宝自助售卖机。事实上,微信与友宝的合作并不局限于北京地区。据了解,目前支持微信扫码支付的智能售货机,已在北京、上海、武汉、广州、深圳等地投入运营 12 000 多台。

6. 四季金辉(亮点:微信预约看房+图片墙)

如图 4.4.6 所示为四季金辉微信。

图 4.4.6　四季金辉微信

四季金辉是行业内比较早试水微信的地产之一。上线初期,只是尝试着在开盘的时候引进了微信大转盘抽奖的活动,没想到效果出其意料的好:六千多人同场抽奖,抽得了购房代金券、实物大奖等各种奖品。由于微信抽奖活动的刺激,当期开盘成交量远远超过预期。紧接着,四季金辉账号相继完善了各项功能,包括微信端报名看房团、微信会员卡、图片墙、周边生活设施等等,并进行了线上、线下各种渠道推广。

据悉,四季金辉即将引入 360 度全景看房功能,届时,广大用户可直接在微信端对四季金辉各种房型进行全角度的查看。从完美的用户体验来提高对粉丝的吸引程度,达到微信营销的目的。

7. 印美图(亮点:物联网)

如图 4.4.7 所示为印美图微信。

图 4.4.7 印美图微信

互联网链接了几十亿人,而物联网会把更大一个数量级的物体链接起来。无论人还是物,都有一个二维码作为 ID,人与物可以对话,人可以直接向物发出指令,微信会把人和物都链接起来。印美图是第一部结合了微信进行交互操作的硬件产品,微信 5.0 的升级,它也成为了首批支持微信支付的产品。

在自助印终端前,拿出智能手机,扫描并关注印美图的微信公众账号,发送手机照片给它。然后,输入屏幕上显示的微信验证码,它能在 30 秒内接收照片,制作出一张宝丽莱风格的 LOMO 卡,并从终端的窗口"掉落"下来。在手中的智能手机就变成一部拍立得,而这个无线装置就像一个"暗房",帮你把"底片"在片刻之间冲印成相。

据悉,目前该机器已放到了微信总部、北京路联合书店、曼索蒂咖啡等地。也许在不久的将来,自助印终端将会散落在步行街、地铁站、电影院、购物广场等公众场合。后期的收费模式应该是各地加盟,通过收取每张照片打印的费用来分成盈利。

8. 中国投洽会(亮点:中英双语十网上投洽会)

如图 4.4.8 所示为中国洽会微信。

图 4.4.8 中国投洽会微信

每年 9 月 8 日至 11 日,中国国际投资贸易洽谈会都会如期举行。作为目前通过国际展览业协会(UFI)认证的全球规模最大的投资性展览会,迄今为止已举办 17 届,每年都会吸引来自世界各地数万人莅临参加。

今年的投洽会跟以往历届相比有一大亮点,那就是和国内知名的微信第三方解决方案专家微信海合作,进行了微信公众号建设,并且是中英双语版微信公众账号。

用户关注"中国投洽会"官方微信,就可以即时了解所有投洽会的新闻和信息,与会者可以直接微信签到,可以在线与主办方进行沟通交流;同时,此公众号有一个"网上投洽会"的功能,不管是否参会,都可以在此发布商机(或需求),同时可以看到其他用户发布的商机(或需求),这样如果有合适的合作机会,就可以直接拨打电话联系。

此功能符合了微信的强互动关系链,满足了用户合作沟通的根本需求。据悉,凤凰网的记者在现场采访了解到,三天会议期间,"网上投洽会"获得了主办方和与会人员的一致好评,账号互动率也飞速飙升,同时也为"中国投洽会"赢得了数万的粉丝。

9. 小米手机(亮点:人工客服)

如图 4.4.9 所示为小米手机微信。

图 4.4.9 小米手机微信

小米问世以来,利用疯狂的饥饿营销模式,赚足了眼球,也获得了巨额的销售业绩。小米紧抓移动互联网营销趋势,积极接触了微信公众账号并一发不可收拾。小米手机微信号,可直接实现小米各型号手机的预约购买,可进行话费充值和订单查询……

但这些具体的功能似乎不是小米运营过程中追崇的,据了解,小米手机的微信帐号后台客服人员有 9 名,这 9 名员工最大的工作时每天回复 100 万粉丝的留言。其实小米自己开发的微信后台可以自动抓取关键词回复,但小米微信的客服人员还是会进行一对一的回复,小米也是通过这样的方式大大地提升了用户的品牌忠诚度。相较于在微信上开个淘宝店,对于类似小米这样的品牌微信用户来说,做客服显然比卖掉一两部手机更让人期待。

10. 广州公安(亮点:政务微信服务)

如图 4.4.10 所示为广州公安微信。

图 4.4.10　广州公安微信

想足不出户就能办理车管、出入境业务? 申请护照想实现预约排号? 出门在外要实时查询路况和交通资讯? 对广州的市民来说,现在轻触手机屏幕,一切皆可实现。"广州公安"公众号有"路况资讯、服务事项、便民指南"三个主菜单,每个菜单下面有三个分项指令,微信用户轻轻点击即可查询路况地图、实时交通动态、交通违法信息,预约出入境和户政等业务,并已经实现了往来港澳通行证再次签注业务办理功能。据全国公安政务微信协作联盟观察,这是目前全国公安机关开通综合服务最多的政务微信,也为政务微信做好指尖上的为民服务指明了方向。

4.5 移动营销存在的问题及解决方案

一、存在的问题

（一）网站设计问题

随着互联网的快速发展和这方面的人才越来越多,网站建设现在可以说不是什么高的难度了,但是一个同样的网站,在美工,营销性和营销方法上是有差别的。当然企业可以自建网络营销网站,但是可以做到符合网民的口味吗? 能够有效地运营好吗? 答案是否认的,企业主需要知道一件事情,建网站是一回事,运营网站是另外的一回事,这两者是有区别的。要成功地运营一个网站,一定要先去了解网民的口味和需求,所以 6 000 元的网站与 40 000 元的网站设计出来的最大的区别就是一个只是用来看的,不会给企业带来其他效益,而另外一个是拿来用的,可以为企业带来实实在在的利益。

（二）营销问题

网站的建设是很快的,当有了网站,下一步该怎么做? 有明确的目标吗? 这些都是一个网站能否成功的关键要素。可能短期内没有,长期怎么样让它为你产生效益呢? 网络营销的过程是很有讲究的,企业不能盲目地认为,建好了网站就完成了,这个网站就会给你带来你所期待的东西;要想让你的网站真的为企业带来利益,目标的选取、信息的投放、口碑的宣传、眼球的吸引,这些一个都不能少,必需认真地做好。如果做到了并且做好了这几点,就能够给你的企业带来想不到的好处。同时将网络营销与传统营销相结合,根据企业所处的内外环境做好市场分析和定位,通过市场细分策略、目标市场策略、差异化策略、产品定位策略等对市场进行更加深入的分析,制定一个完整的营销战略目标,为自己的产品创造一定的特色,塑造并树立一定的市场形象,使之有针对性地应用到企业经营管理中去。如企业产品的广告宣传,可以使用传统媒体和网络媒体相结合的方式进行;在采购和产品销售过程中,没有必要全部网上操作,可以实行"网上订货、网下交易"的模式,这样既发挥网络的特长,也能使交易能顺利完成。

（三）网络传输问题

现在做网站服务器的商家很多,所以在这个市场上也必然良莠不齐。一些奸商们的很多的空间和服务器都不知道哪里是哪里的,也许价钱上是很便宜,但是却很没有保证,随时都可能导致你的网站报废或瘫痪,所以在选择服务器商的时候一定要小心,网站的在线一定要稳定。想想如果你的某个关键词在第一位,结果却因为服务器不好的原因被打败,掉下来了,那你的网络营销的投资回报周期又要往后延伸了。所以建议企业主不要贪便宜,一个比较好的服务器是你的保证。

（四）网络营销意识不强的问题

现阶段我国许多中小企业对网络营销认识不清,网络竞争意识不强,仍然把竞争的市场放在单单的实体经济,没有充分意识到知识经济时代抢占网络信息这一制高点所表示的虚拟市场对赢得企业未来竞争的必要性和紧迫性。很多中小企业在网络营销的理解上不能抓住网络营销的核心和本质,仍然没有跳出传统营销理念的思维模式。有许多企业尚未意识到网络营销是企业整体营销的一部分,与传统营销是互补的关系。有些企业把网络营销作为单独的营销方式,有些企业是为了赶时髦才开展网络营销,网站建好便不加理会,完全变成了摆设。网站普遍存在诸如网站内容单调、内容更新不及时、不能及时回复客户发出的信息等缺点。还有一些企业守着传统的营销模式,看不到网络营销的光明前景,网络竞争意识十分淡薄。总的来讲,我国企业网络营销意识落后。

(五) 网络营销专业化程度不强的问题

虽然很多企业已经开始拥有或者在建设自己企业的网站,但是,在网络营销人员上或者在网络建设方面的专业化程度确实远远落后于国外先进企业的水平;并且,对于这一重点方面的重视程度偏低,没有把此作为重点发展的方向。网络营销是一项系统工程,在网络营销的过程中,商业的基本流程、同顾客和分销商的关系、获得数据的渠道和方法以及定价的原则和策略都发生了根本性的变化。企业不能停留在传统的片面的营销观念,要把网络营销上升到战略的高度,实施科学系统的全程网络营销战略,通过市场调查和预测、产品市场定位、顾客回访等正确把握消费者需求。只有从专业化的角度和应用,才能建立一个为企业创造利润的网络营销平台。

二、解决方案

网络营销是一个全新的不断变化的领域,随着新工具新技术的不断涌现,中小企业必须解决好以下几方面问题,以求网上经营整体效益最大化。我国目前排名前十位的网络应用是:网络、网络新闻、即时通信、网络视频、搜索引擎、电子邮件、网络游戏、博客或个人空间和网络购物。它既包括了互联网基础应用,也包括了数字娱乐及电子商务,社交类网络也逐渐兴起。企业应积极转变营销观念,并采取相应的对策来实施网络营销,从而顺应网络时代千变万化的市场形势。

(一) 更新营销观念,增强网络

1. 对传统的营销方式进行反思

企业经营者和领导者需要更多地学习与了解网络营销知识,形成科学的网络营销意识,树立正确的网络营销观念,切实认识到网络经济对企业传统经营管理的冲击,从而把握网络经济给企业带来的机遇,重塑品牌形象,打造品牌资产,提升品牌核心竞争力。只有对传统的营销观念进行必要的反思,才能更好地促进营销观念与时俱进。并且,企业要正确地认识网络营销,理解网络营销,把网络营销作为企业长期发展战略的组成部分。企业要不断地加强员工素质建设,培养网络营销人才,加快企业信息化建设。

2. 将网络营销观念与传统营销观念相结合

不管是哪种营销方式,必然有其优势与劣势,所以,企业要想使企业更好,更具有竞争力，必然需要将传统的营销方式与网络营销方式相结合，采取强强互补的原则，进一步优化企业的营销观念和方式。

（二）优化网站设计，发挥营销职能

1. 量身定做

网站设计要从网络营销的需要考虑，注重网站的功能性、实用性、易用性、界面友好性，不但要充分运用多媒体技术实现信息发布功能，更重要的是要发挥四/B的交互特性，这就要求企业网页设计应适应营销需要：一是资料详尽，结构清晰，链接正确，有相应的导航系统，把重要目录和最新的内容放在突出位置；二是提供有吸引力的东西，如新产品信息，产品新功能，时尚信息，并适时更换信息，保持网上信息的新鲜感，激发顾客购买欲望。

通过及时了解客户、潜在客户的需求，预测市场发展的趋势，寻求新的市场机会，增强客户对企业的信任，以融洽关系最大限度地满足客户的个性化需求。

2. 一切以实际出发

有些企业，为了面子工程，投资巨大的资金去建立自己企业的网站，想以此来宣传自己企业，但是，各位企业主需要想想，你建网站的实际目的是什么，是为了提升企业的竞争力，是为了让消费者了解你的企业，是为了让你的产品得到市场的更好认知和认同，所以，建设一个网站，是为了发挥营销职能而，不要主次颠倒。网页设计要以消费者为中心展开，不断丰富网站内容，及时更新相关信息，快速回复顾客的信息。

（三）组建专业化网络营销队伍

1. 形成产业链的建设观念

网络营销战略的实施使业务与信息技术的联系更为紧密，企业需要大量培养能融和业务与信息技能的通才，这就要求企业组建专门的销售策划团队，形成完善的专业网络营销理论体系，立足于企业技术平台，利用企业的客户资源，灵活包装，提供量身订做的专业化服务，发挥企业优势，全面提升企业核心竞争力。所以，必须将企业的网站建设作为一个产业链的建设战略，为以后的网络营销打好一个坚定的基础。

2. 把配套建设放在重点

什么是配套建设，很简单，就是像服务一样，要具有连贯性，一条龙的流程；要满足这样的要求，需要有专业的网站服务人员，专门的网站推广人员，专门的网络营销人员等。对现有的营销人员进行相关知识的培训，提高其业务素质和解决突发事件的能力。企业中层及以上管理人员有针对性地组织开展信息化方面的培训，完善信息技术管理职业资格考试和认证制度。广泛开展信息化与工业化融合的宣传教育，提高职工的信息素养。组织信息化与工业化融合发展方面的会议、展览、培训、参观、考察等交流活动，促进信息化与工业化融合相关知识传播。

（四）加大网络投资方面的力度

1. 加大技术的投资力度

要想拥有一个能为企业带来实际并且深远利益的网站，单单建设一个网站是远远不够的，必需在各方面都有配套措施和人员，才能真正发挥出网络营销的作用，体现企业网站的价值。只有把网站建设当作一个产业链条的战略才能使企业在开展网络营销时获得预期的效果。

2. 完善各种服务

要想很好地符合预期地完成网络营销的工作，就必须有一个完善的服务系统，然而，现在很多企业家并没有真正的认识到这个系统的重要性，导致这方面的投资力度非常少，从而不能很好地开展网络营销的进程。因此，建立完善的数据库，提供周到的信息服务，建立全方位的服务系统是非常有必要的；企业应建立完善的售后服务体系，预测各种可能出现的情况，并制定相应的对策。

3. 加大宣传资金的力度

一个好的营销网站，要想为企业带来好的效果，就必需让人们知道该企业的网站，就必需有人来这个平台获取该要的信息，所以，加大平台的宣传力度是很有必要的，并且，一旦该平台广为人知，也间接地宣传了企业的产品和企业品牌，起到一箭多镖的作用。

案例(携程网)

一、携程网的移动电子商务发展现状分析

目前,携程无线旗下有携程无线、携程特价酒店、携程旅游、驴评网、铁友火车票 5 款 APP 产品。和携程在 PC 互联网的定位一样,携程无线 APP 们的定位也基本都是"大而全的一站式"平台体验。

以携程无线 APP 为例,其业务涵盖了机票、酒店、高铁动车、旅游等,基本就是携程 PC 端的移动端翻版。其他几款 APP 虽然做了一些垂直领域的细分,但是仍然属于大而全,比如驴评网 APP,其本身包含旅游攻略、酒店查询预订等功能。据此前携程旅行网无线事业部 CEO 江浩透露,携程无线目前的下载量超过 2 000 万次,为酒店预订营收贡献了 10%。

在移动端,做大而全的携程显然不希望自己有太多"后门"。此前,携程就收购和投资如订餐小秘书、松果网、飞常准等一批"小而美"的移动应用。此次,携程通过主动向移动开发者开放 API,以发掘移动开发者的创新力量来堵"后门"。

一边是大而全的企业 APP 运作,一边是要对小而美的开发者 APP 进行探索,在移动端,携程选择了两条腿赶路的方式。

在去年底,携程启动"携程无线创业者大赛",针对移动开发者开放了包括用户、酒店、机票、度假、团购、支付在内的 API。携程无限业务部总经理夏天称,希望通过大赛来发现一些有创新的点子和有潜力的团队,携程会给予奖励、合作甚至投资等。

携程早就做了 web 端 API 的开放,比如爱帮网网页端的酒店查询就有调用携程的 API,但是多停留在查询阶段。此次,携程可谓是全流程开放,用户、酒店、机票、度假、团购、支付 API 均已开放。此外,据夏天透露,未来携程还将提供旗下所有产品的全流程 API 接口支持,包括火车票、游票、目的地等。

目前移动应用的盈利模式主要是通过广告营收和售卖道具等增值服务营收,在携程提供的开放平台上,移动应用为携程导入流量并最终完成交易后,携程与开发者进行比例分成。携程算是为旅游类的移动应用增加了盈利途径。

对于开发者的疑虑,携程方面表示,在移动互联网领域与开发者的合作仍然处于探索阶段,未来将和开发者保持沟通,不断完善携程的开放平台业务。另据夏天介绍,此次"携程无线创业者大赛"吸引了 500 多名参赛者。

无线大赛只是一个开始,后期如何良好地运营才是对携程开放平台在携程移动化战略中价值的考验。

二、制约携程网移动电子商务发展的因素

（一）支付与安全

支付依然是制约移动电商发展的关键因素。如今淘宝、当当、美团等电商企业都已经有了升级版的客户端，采用支付宝"安全支付"来解决支付的瓶颈，但是仍有不少电商未能拥有平台的客户端，这也给移动电商制造了门槛，而且事关支付的另一个话题：安全性，也成为讨论的热点，支付的方式暂时解决，但是通过移动客户端来消费的用户的信息的安全就是一个大关注点，跟支付相依相存，你我都不想通过移动端购物消费泄露自己的资料，而且电脑病毒依然横行，手机病毒就更加值得关注，"有心份子"通过手机获取资源，进而泄露，这是严重的问题。

（二）无线网络自身的安全问题

无线通信网络由于自身的限制，给无线用户带来通信自由和灵活性的同时，也带来了诸多不安全因素。在移动通信网络中，移动设备与固定网络信息中心之间的所有通信都是通过无线接口来传输的。而无线接口是开放的，任何具有适当无线设备的人，均可以通过窃听无线信道而获得其中传输的消息，甚至可以修改、插入、删除或重传无线接口中传输的消息，以达到假冒移动用户身份欺骗网络信息中心的目的。同时，在有些移动通信网络中，各基站与移动服务交换中心之间的通信媒质就不尽相同，相互之间的信息转换也有可能导致移动用户的身份、位置及身份确认信息的泄漏。

（三）移动设备的不安全因素

移动设备的安全威胁比较复杂。由于移动设备的移动性，移动设备很容易被破坏或者丢失。势必造成安全影响，甚或安全威胁。移动设备的不安全因素主要表现在：用户身份、账户信息和认证密钥丢失；移动设备被攻击和数据破坏；SIM卡被复制；RFID被解密等方面。例如不法分子取得用户的移动设备，并从中读出移动用户的资料信息、账户密码等就可以假冒用户身份来进行一些非法的活动。

（四）软件病毒造成的安全威胁

自从2004年第一个手机软件病毒"Cabir"蠕虫病毒出现，移动设备就已经面临了严峻的安全威胁：用户信息、网络帐号、银行账号和密码等被窃；传播非法信息；破坏手机软硬件，导致手机无法正常工作；造成通信网络瘫痪。而移动设备相关清除病毒软件才仅仅开始，不能保证所有移动设备不受病毒的侵害。同时由于移动设备自身硬件性能不高，不能承载现今成熟的病毒扫描和入侵检测的程序。

（五）移动商务平台运营管理漏洞造成的安全威胁

随着移动商务的发展，移动商务平台林立。大量移动运营平台如何管理、如何进行安

全等级划分、如何确保安全运营,还普遍缺少经验。移动商务平台设计和建设中做出的一些技术控制和程序控制缺少安全经验,这就需要在运营实践中对移动电子商务安全内容进行修正和完善。同时移动运营平台也没有把技术性安全措施、运营管理安全措施和交易中的安全警示进行整合,以形成一个整合的、增值的移动商务安全运营和防御战略,确保使用者免收安全威胁。

(六) 移动商务应用相关法律和制度不健全

随着移动电子商务的发展,移动电子商务是虚拟网络环境中的商务交易模式,较之传统交易模式更需要政策法规来规范其发展。现有的法律对新的电子商务模式不能有效适应,这也为移动电子商务活动带来问题,造成责任不清,无法可依。

三、携程网发展移动电子商务的应用方案

(一) 携程网的移动电子商务运营平台及技术

目前,携程将继续在技术层面和产品层面不断提升携程无线客户端的领先优势,让我们一起来畅想一下"拇指+水泥"将在不远的将来对旅行产品升级,服务体验提升,乃至旅行移动互联网的发展起到的创新及影响:

1. 基于 VoIP 技术的交互性服务

首先,携程将开发基于 VoIP(Voice over Internet Protocol)技术的移动场景,将进一步完善旅行功能和提升用户体验。VoIP 最大的优势是能广泛地采用互联网的环境,提供比传统业务更多、更好的服务。VoIP 可以在网络上传送语音、传真、视频和数据等业务,如统一消息业务、虚拟电话、虚拟语音、Internet 呼叫中心、Internet 呼叫管理、电子商务各种信息的存储转发等。基于互联网技术和传输速度的不断提升,这种技术不但可以为消费者和呼叫中心节约费用,更重要的是,可以通过数据的传输,实现旅行预订服务的交互,我们将依托呼叫中心和互联网的技术优势,将 APP 与人工服务结合起来,未来,携程的服务人员将能够远程对 APP 进行操作和指导,帮助用户实现预订操作。

2. 云计算成重头戏

从市场发展来看,目前移动云计算仍处于尝试期和创新期,商业模式尚未成型,不过我们预计,移动云计算将是未来几年内移动互联网领域的重头戏。旅游行业如何从移动云计算切入,结合移动互联网和线下呼叫中心的优势,为用户提供各种个性化的服务,提供更完善的体验,也是携程在探索的方向之一。

3. 移动位置服务的新应用

从移动位置服务的发展情况可以看出,与传统旅游业务融合,为其带来新的特性从而衍生新的商业价值是移动位置服务的重要特征。

我们预计,未来的移动位置服务将整合"移动位置服务+SNS+商业+娱乐",具有极强的交互性特征。同时,地理围栏等新应用也将成为移动旅行的发展新趋势。

地理围栏（Geo-fencing）是 LBS 的一种新应用，就是用一个虚拟的栅栏围出一个虚拟地理边界。当移动终端进入、离开某个特定地理区域，或在该区域内活动时，当移动终端可以接收自动通知。

4. 移动互联网与服务结合

将移动互联网与服务结合，则是携程将不断探索的另一个方向。例如，团队游中的团队通知一直是很令导游头痛的事情，在需要通知团队成员一些信息时，如集合时间，地点，往往需要群发短信，或逐一电话通知。在这种情况下，是否有应用可以帮助导游一键管理自己的团队，可以用来集体通知和联络人员等。目前，携程旅行网站拥有诸多的工具，如天气预报、会展信息等，这些信息如何加入 APP 去，增加工具应用的可行性，也是携程试图尝试的方向。

同时，携程也将不断探索未来 APP 可能的趋势，二维码（QR）、近场通信（NFC）等技术将成为旅游行业在移动互联网研究的方向。

另外，社交分享、如何增强用户黏性等课题，也是携程正在研究和探索的内容。

可以预见，未来选择移动互联网进行旅行服务的客户将越来越多，加上使用传统互联网的用户，两者之和占据旅行服务的比例将不断上升。以移动互联网为增长突破点，呼叫中心变成补缺的重要功能，将成为未来几年携程发展的目标，"拇指＋水泥"的战略将得到进一步的深化。

（二）移动电子商务在携程的应用分析

纳斯达克上市企业携程与国内领先的移动搜索服务提供商儒豹科技签署战略合作协议，提升在移动端的业务合作规模。携程的部分机票和酒店业务已经在儒豹的"3G 浏览器"平台上线，而接下来携程的其他业务，也将在儒豹手机搜索上展现。

据透露，双方的合作未来还将进一步扩大，包括在儒豹搜索（roboo.com）中整合携程的"酒店"和"机票"等业务。手机用户在儒豹搜索"酒店"、"机票"、"旅游"等相关关键词时，第一个搜索结果可直接跳转到携程的手机网站，并实现在线预订。

相关数据显示，今年开始携程源自移动客户端（APP）的酒店订单数量保持在 40％左右，已经超过携程 PC 端和呼叫中心的订单占比（分别为 30％），成为国内首家移动端酒店订单占比最大的旅游服务商。梁建章甚至表示，携程将从在线旅游服务商（OTA）转型为移动旅游服务商（MTA）。

专家也表示，随着移动互联网的发展，移动终端摆脱了电脑网络的束缚，手机网络的高覆盖率打破了时间和空间的限制，用户能随时随地用手机等移动终端上网查询旅游信息并立刻预定，这也为携程这样的在线旅游服务商催生出新的市场机会。

2013 年，携程旅行网将无线应用与呼叫中心结合，提出"拇指＋水泥"战略，实现从 OTA 向 MTA 的转变，用不断的创新，为中国移动互联网和在线旅游服务产业的拓展做出自己的努力。

移动互联网的飞速发展是 21 世纪信息通信领域最令人瞩目的事件之一。其技术的不断更新和深化与当今社会的发展互为影响,随着 3G 网络优化、智能手机普及和应用软件的丰富,以智能手机为代表的移动终端已成为网民接入互联网的首要方式。

　　作为国内最大的在线旅行服务商,携程旅行网依托于强大的网络、呼叫中心和地面资源的整合,开创性地提出了"拇指＋水泥"业务战略,为消费者提供"指尖上的旅行社"的全新体验模式,这是携程旅行网从 OTA(Online Travel Agency)向 MTA(Mobile Travel Agency)转变的开端,也是对于中国移动互联网和在线旅游服务产业的有益尝试和拓展。

实训平台:热淘网及移动商务应用

任务一 移动商务基本信息检索和分析

实训目的

了解移动商务的起源、基本概念、分类、功能或划时代重大事件。通过查阅统计报告,了解中国移动商务的发展状况的历史、现状。

实训过程

一、手机登录百度搜索引擎

(一)手机登陆百度网址:http://wap.baidu.com,如图 11.1.1 所示。

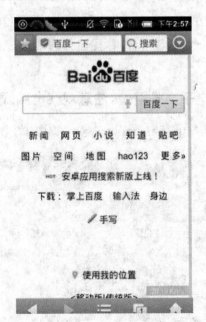

图 11.1.1 手机百度首页

(二)选择"电子商务发展历史"、"B2B"等相关关键词进行搜索。

(三)浏览搜索结果。

(四)当搜索结果不理想时,及时更换关键词或关键词组合。

(五)通过搜索结果提供的信息如链接网站、参考文献进一步发现其他有价值的信息。

二、登陆中国互联网络信息中心

（一）登陆中国互联网络信息中心网址：http://www.cnnic.net，如图 11.1.2 所示。

图 11.1.2　中国互联网络信息中心首页

（二）查阅最新的中国互联网发展状况统计报告，必要时和以前的统计资料进行对比分析。选择你感兴趣的 6 个主题着重分析，提出你的观点。选题包括现状分析、发展预测、商业机会等。

三、登陆一些主流电子商务网站，注意观察电脑版和手机版的区别。

（一）登陆手机爱淘宝：http://m.taobao.com，如图 11.1.3 所示。

图 11.1.3　手机爱淘宝

（二）登陆阿里巴巴中国站网址:http://www.1688.com.cn,如图 11.1.4 所示。

图 11.1.4　阿里巴巴移动客户端

（三）登陆亚马逊网址:http://www.amazon.cn,如图 11.1.5 所示。

图 11.1.5　亚马逊首页

（四）了解各个不同电子商务网站的特色和优缺点，谈谈自己的观后感。

扩展任务：

最近小王因工作的企业裁员，下岗了。为了生计，他决定用自己积攒的几万元钱做个小买卖，听说网上有许多不错的加盟店，于是他决定浏览一些比较有名的加盟致富网站，然后通过对比选择自己比较喜欢的、有发展前景、能赚钱的店铺加盟，开始自己的创业路程。他该如何进行店铺选择呢？请您帮他出出主意。

任务二　移动客户端购物体验

实训目的

通过爱淘宝购物流程体验，了解移动用户如何购物，感受移动商务带来的方便与快捷。

实训过程

一、登陆手机爱淘宝http：//m.taobao.com，打开爱淘宝首页。

图 11.2.1　爱淘宝首页

二、第一次登陆用户，可以选择买家角色，体验帐户注册，支付宝帐户激活，如何搜索，立即购买（加入购物车），如何付款、收货与评价等操作流程，模拟买下一件商品。

三、选择"我是卖家"，可以体验账户注册、如何认证、申请认证（通过认证）、我要开店、发货操作、评价和提现等操作流程。

任务三　热淘后台功能详细

"热淘"是一个中立的，致力于帮助广大网友买到更有性价比网购产品的分享平台，每天为网友们提供严谨的、准确的、新鲜的、丰富的网购产品特价资讯。"热淘"的信息大部分来自于网友爆料，经过编辑审核后的内容也会得到大量网友的评价，这是一个大家帮助大家的互动社区。

伴随着互联网的飞速发展,网上购物逐渐成为了网友们生活中不可分割的一部分。越来越多的网友开始尝试网购,如何能够无风险地买到好产品,是很多网友困惑的。"热淘"的目的是在帮助网友控制网购的风险的同时,尽可能地向大家介绍高性价比的网购产品,让大家买着不心疼,花钱等于省钱。或许您的收藏夹里有很多网上商城,但没有精力每天去看哪里有什么特价,"热淘"会将有价值的特价信息及时更新到网站上,省却您搜索的时间。在物价飞涨的当下,通过网购,尤其是抓住一些超值的促销活动,可以有效地提高您手中同等额度货币的购买力。在热淘,您可以花更少的钱买到同样的东西,或者用同样的钱买到更好的东西。

因为 B2C 商家的服务较为稳定,热淘关注的购物网站主要为 B2C 商城,同时对天猫(淘宝商城)和淘宝商家也有涉及。在团购网站和团购项目的选择上,热淘尽量选择一些大的团购站的产品,尽量帮助消费者降低团购风险。

实训目的

通过热淘的后台体验,了解网上买卖商品的一些具体操作,包括如何设置店铺、如何新增产品、后台的交易方法等,感受热淘网后台的详细功能。

实训过程

一、管理首页:登陆热淘网的后台页面

1. 站点地图

如图 11.3.1 所示为热淘网后台首页。

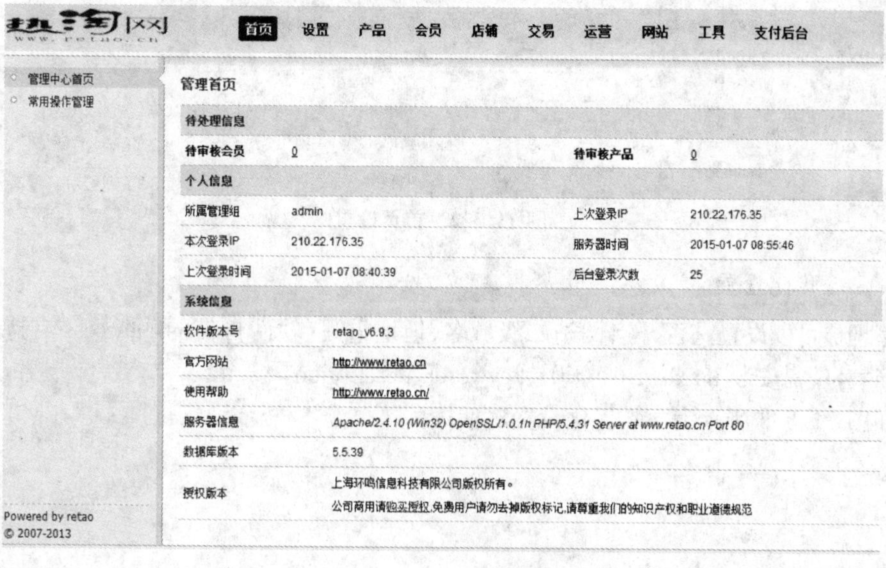

图 11.3.1　热淘网后台首页

2. 登陆信息

管理员可以查看到用户名、登陆次数、上次登陆 IP、上次登陆时间信息。

3. 显示待处理信息

待审核会员、待审核产品、到期广告、到期会员。

4. 显示系统相关信息

软件版本号、服务器信息、数据库版本、版权信息。

二、设置首页

如图 11.3.2 所示为首页设置对话框。

系统基本配置信息:网站全名、网站基本路径(不带 http://www,只填写最后面一部分如:baidu. com,或留空,填写错误将无法登录)、网站 logo、管理员联系方式、货币单位、日期格式、系统的默认语言(中(cn)、英(en))、网站的模板目录名称(二次开发自定义目录)、城市分站系统、统计、开启 gzip 压缩、版权信息、网站开关等。

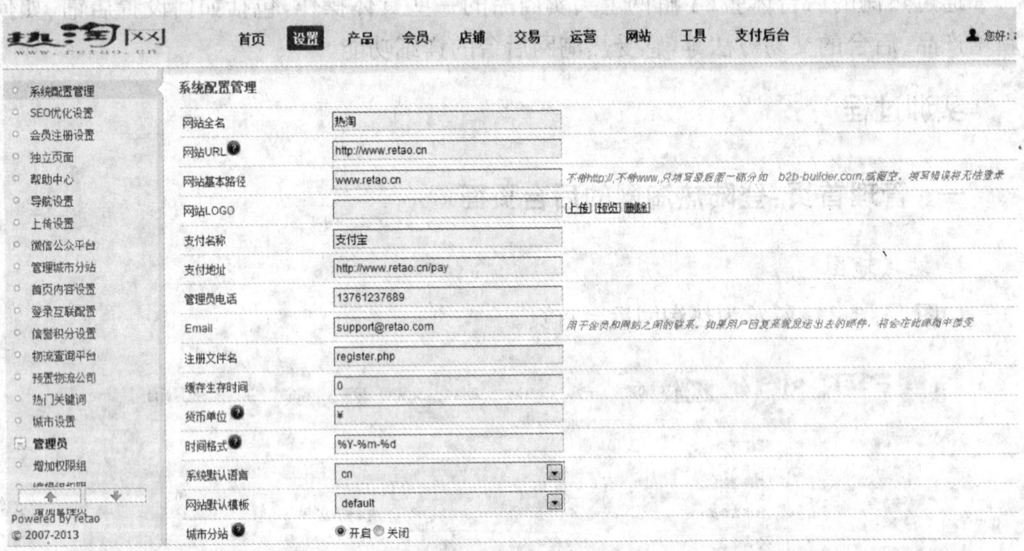

图 11.3.2　首页设置

1. seo 优化设置

管理员可以设置是否开启网站二级域名、地址重写(软件自带的. htaccess 支持 apache 环境,iis 环境需安装 iis_rewrite)、title、keywords、description。

如图 11.3.3 所示为 seo 优化设置对话框。

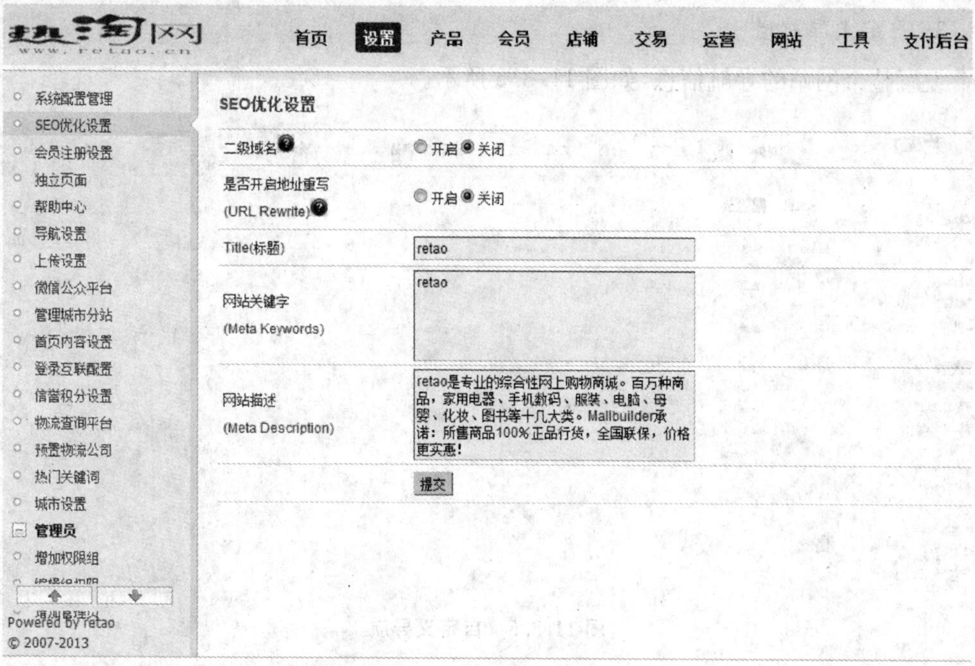

图 11. 3. 3　seo 优化设置

2. 会员注册设置

管理员可以设置是否发送邮件欢迎新会员，以及注册时是否开启自定义问题验证，开启介绍注册，会员注册的审核机制（邮件审核，人工审核、无需认证），也可以整合 Uc 论坛，将会员信息迁移过来。是否开启 IP 限制注册次数，注册的协议，是否开启会员注册功能。

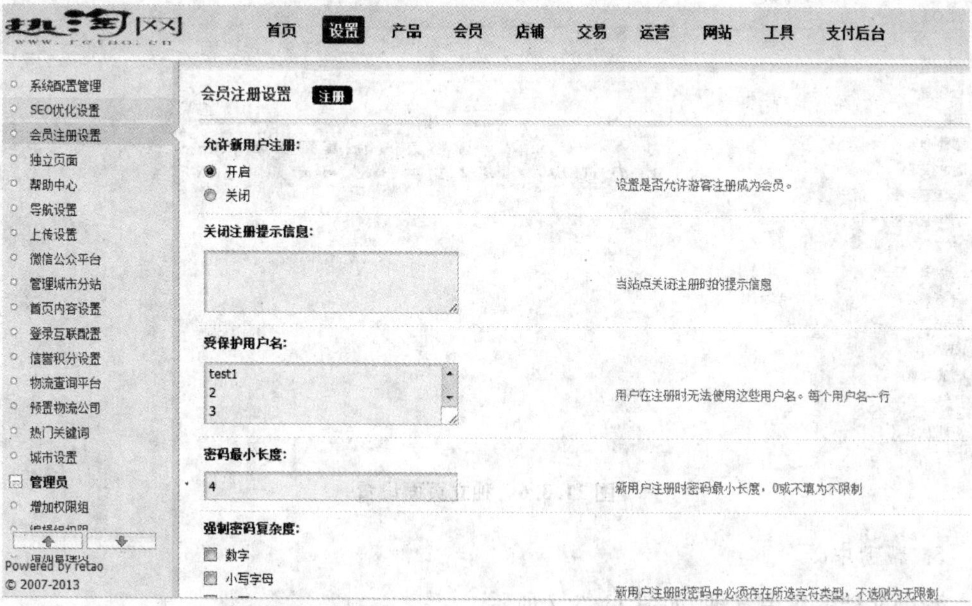

图 11. 3. 4　会员注册设置

3. 自定义导航栏

设置整个网站的导航信息,如图 11.3.5 所示。

图 11.3.5　自定义导航

4. 独立页面

如图 11.3.6 所示,可以设置网站独中的独立页面,添加删除,集中控制。

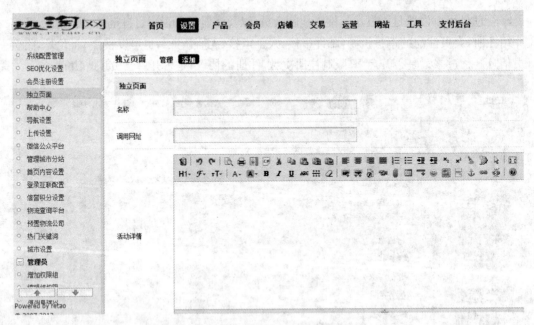

图 11.3.6　独立页面设置

5. 帮助中心

帮助文档的集中管理,如图 11.3.7 所示。

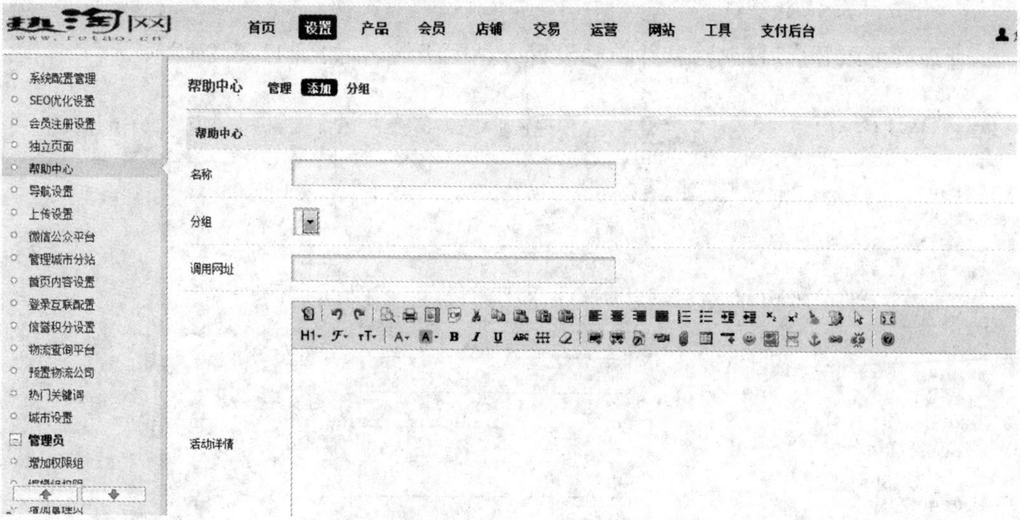

图 11.3.7　帮助中心

6. 上传设置

管理员可以设定图片上传后的名称格式，上传图片的大小，图片限制的类型，是否开启添加水印功能，要添加水印的位置，以及远程图片的获取。

如图 13.3.8 所示为上传设置对话框。

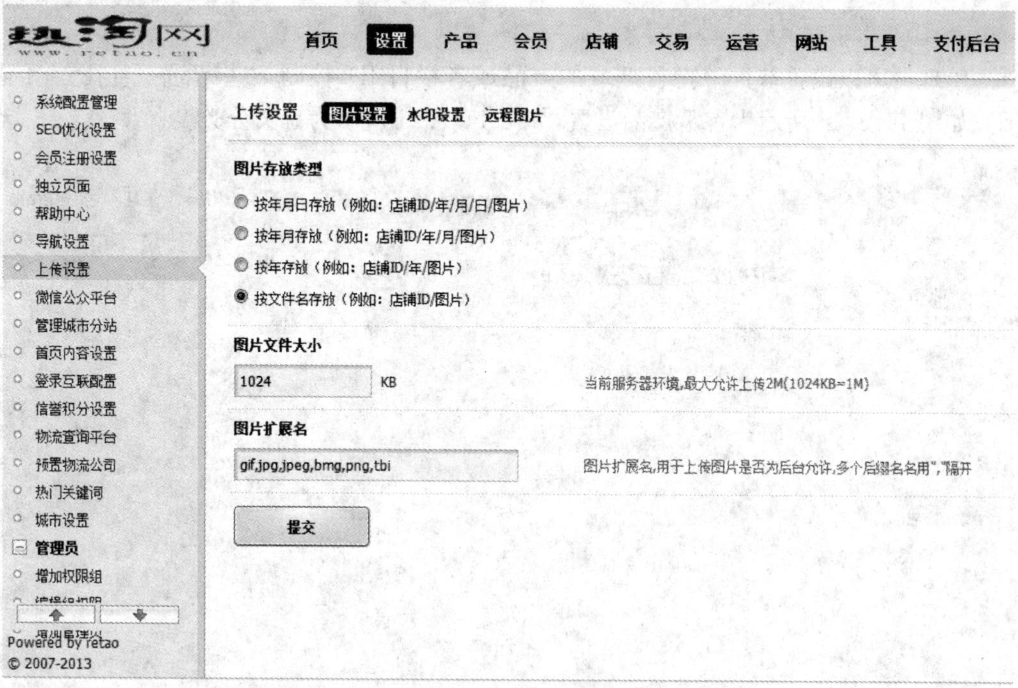

图 11.3.8　上传设置

7. 是否开启城市分站

管理员可以开启城市分站,并单独设置分站二级域名,如图 11.3.9 所示。

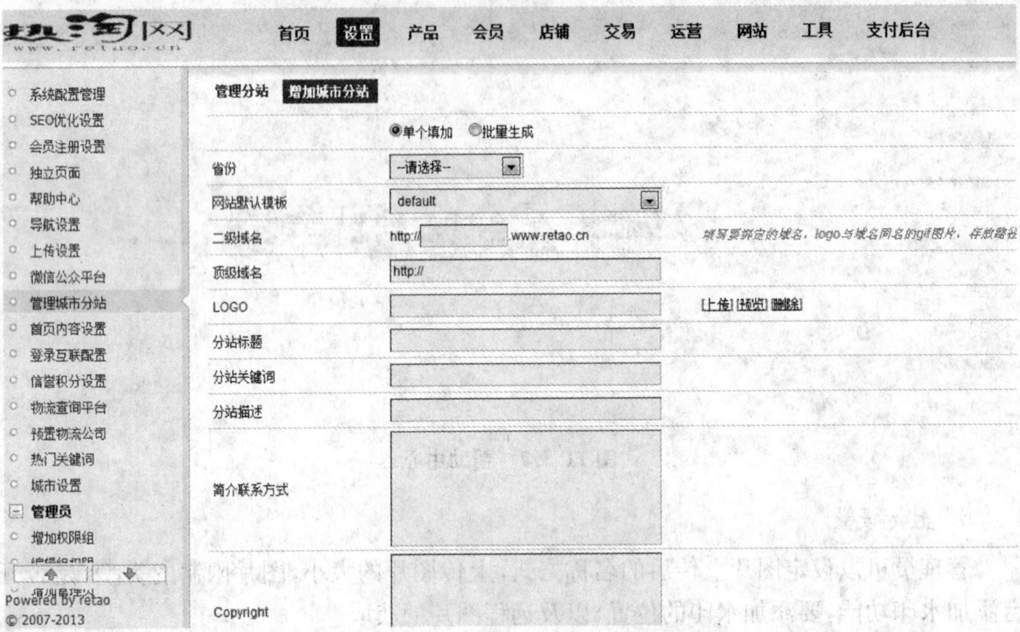

图 11.3.9　城市分站设置

8. 首页展示设置

管理员可以设置首页中栏目调取的产品或者栏目 ID,控制某些产品一直在首页显示。如图 11.3.10 所示为首页产品设置,如图 11.3.11 所示为首页分类设置。

图 11.3.10　首页产品设置

图 11.3.11　首页分类设置

9. 登录互联配置

管理员可以在后台设置登录 api 接口,可以有腾讯 QQ,新浪微博 api 接口,如图 11. 3,12 所示。

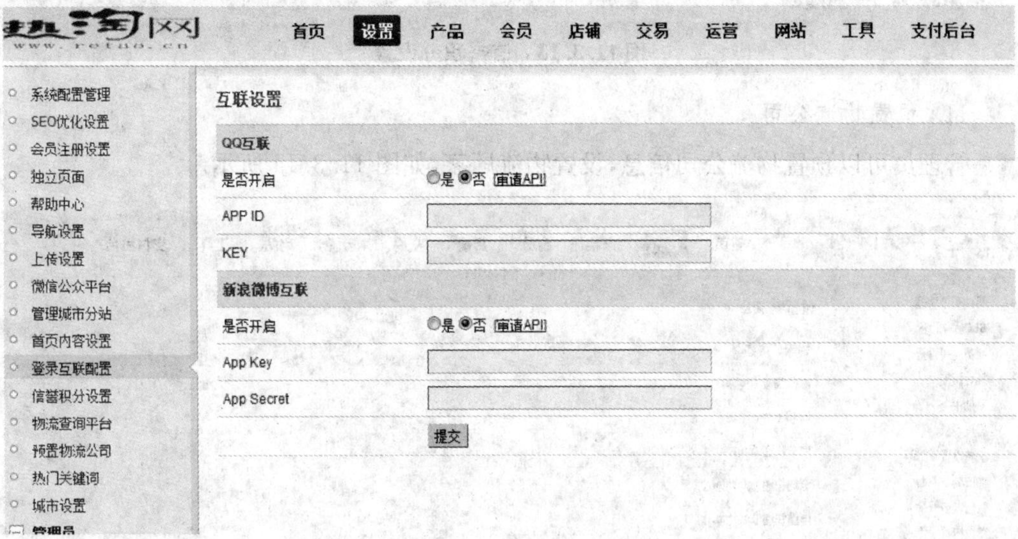

图 11.3.12　登陆互联设置

10. 信誉积分设置

管理员可以设置店积分与等级的关系,如图 11.3.13 所示。

图 11.3.13　信誉积分设置

11. 预置物流公司

管理员可以预置物流公司信息,设置物流厂家,如图 11.3.14 所示。

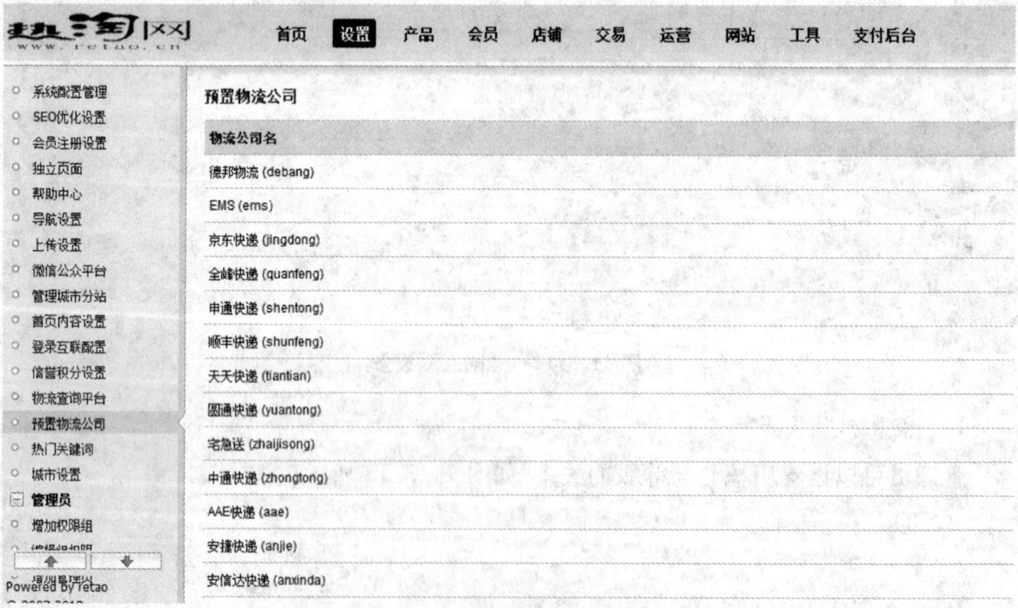

图 11.3.14　物流公司设置

12. 热门关键词

统计用户在网站搜索框中的搜索关键词,按搜索次数排列,管理员可以添加搜索关键词,如图 11.3.15 所示。

图 11.3.15　添加关键词

13. 城市设置

添加省份城市,一般情况下不用改变。

14. 管理员组

添加管理员组、为设置的管理员组设置详细的权限、管理权限组、增加管理员、管理员管理、修改后台登陆密码、查看后台操作日志,如图 11.3.16 所示。

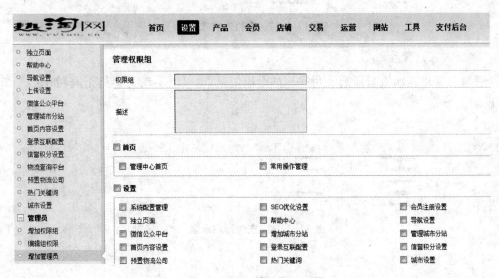

图 11.3.16　管理权限设置

三、财务管理

1. 模块配置

设置运营方的电子邮件,用于接收用户在网站上购买广告,升级会员组,购买积分,用户单方面在网站上进行购买网站提供的收费服务,只是用来计算费用而以,不存在任何代表意义。

2. 支付方式设置

管理员设置开通哪些网上支付方式,点击管理编辑支付名称、描述、支付方式接口的账号、效验码、合作身份等信息,如图 11.3.17 所示。

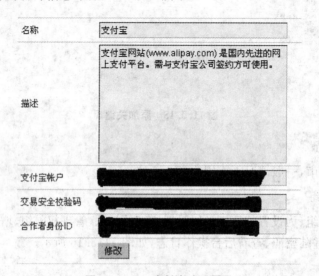

图 11.3.17　支付方式设置

3. 支付账户管理

管理员可以再次查看所有支付账户的金额信息,也可以手动为会员充值,如图 11.3.18 所示。

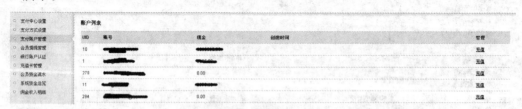

图 11.3.18　支付账户设置

4. 会员提现管理

管理员可以查看、受理会员以及企业用户的提现申请。

5. 银行账户认证

管理员审核用户提交的银行卡账号认证。

6. 充值卡管理

管理员可以自动生成一定金额的充值卡,以及对充值卡的操作管理。

7. 会员资金流水

管理员可以查看网站所有会员的资金变动情况,可以直接为用户充值。

8. 系统资金总览

统计整个网站的资金总数据,账户总额,冻结财产,交易中的金额,网站销售额。

9. 佣金收入明细

对商品开启佣金提取,当商品成交后,所获得的佣金列表。

四、产品设置

1. 产品列表

管理员可以查看网站的所有产品,可以通过分类、关键字、发布时间来筛选查看。查看已下架产品。如果开启审核,点击待审核操作未审核商品。审核不通过时会被放置到回收站里面。

如图 11.3.19 所示为产品列表设置对话框。

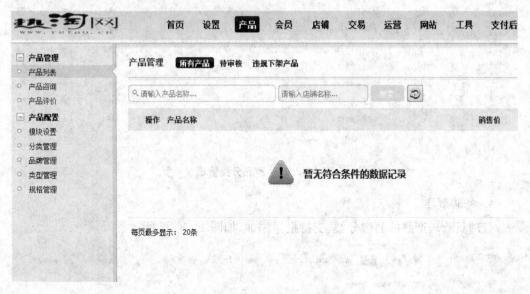

图 11.3.19　产品列表设置

2. 模块配置

管理员设置 SEO 配置和产品发布时选择的有效期和产品类型。SEO 配置设置产品频道页、列表页、详情页的 title、keywords、description。

图 11.3.20　产品模块设置

3. 分类管理

管理员添加、编辑、删除网站商品的分类,如图 11.3.21 所示。

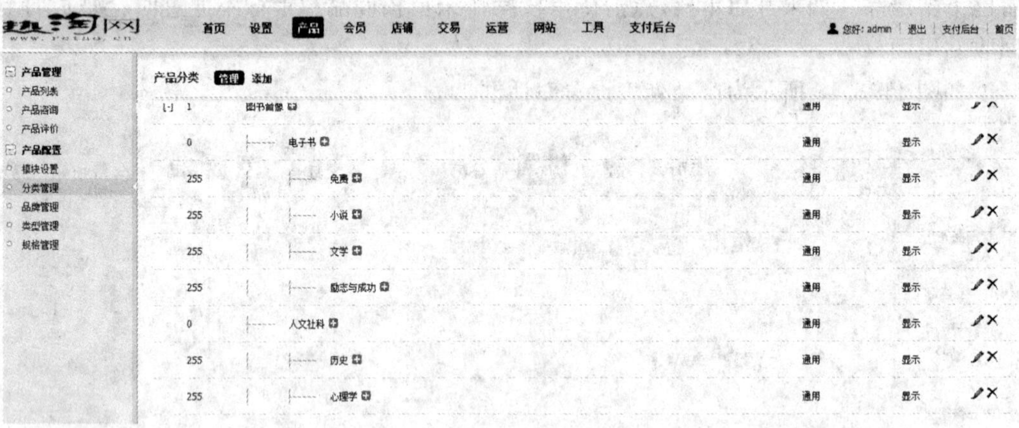

图 11.3.21　产品分类管理

4. 品牌管理

管理员管理产品的品牌分类,支持批量添加,如图 11.3.22 所示。

图 11.3.22　品牌管理

5. 类型管理

管理员设置商品类型,类型名称(如:衣袖设置),扩展属性。属性名称填写(如:袖长)可选值填写(例如:长袖、短袖、七分袖),规格项选择已设置的规格项(如:黑、白),如图11.3.23所示。

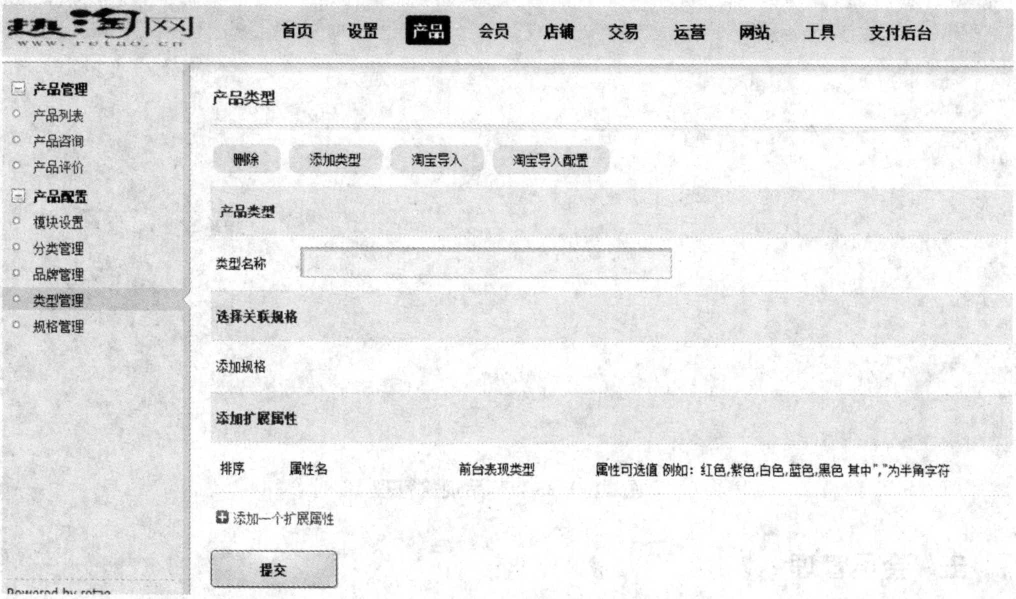

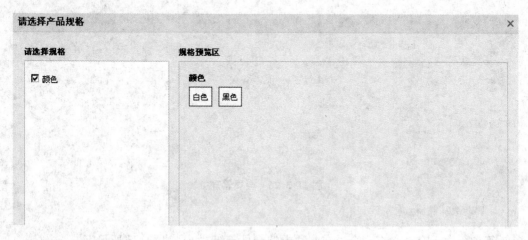

图 11.3.23　产品类型管理

规格选项需在产品配置—>产品规格添加规格后,方能显示,如图11.3.24所示,此处点击添加规格按钮。

图 11.3.24　产品规格

6. 规格管理

管理员为不同的分类产品设置规格(如:颜色、尺寸),如图11.3.25所示。

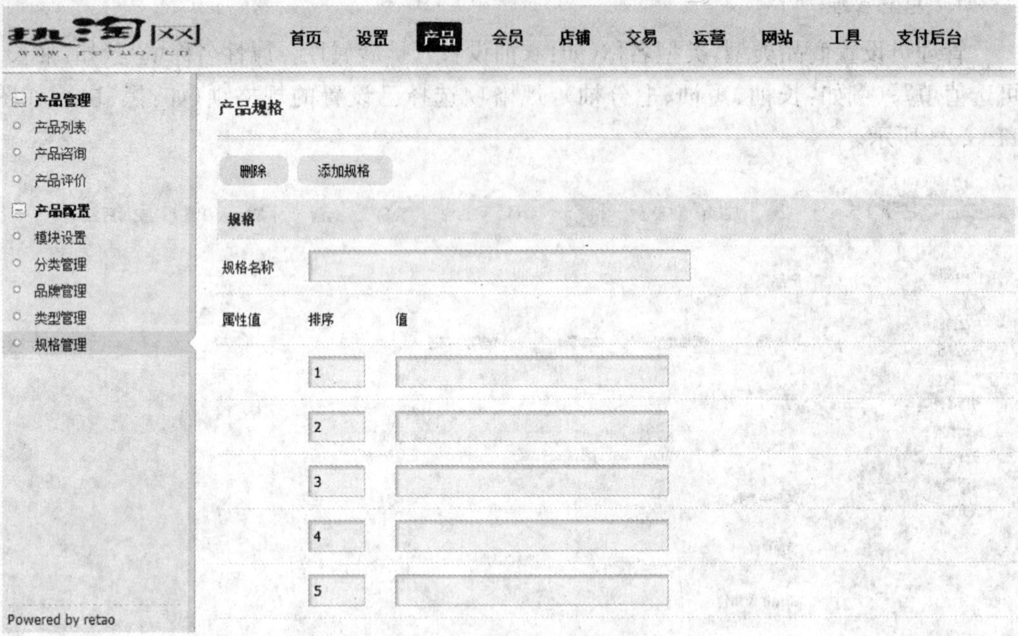

图 11.3.25　产品规格管理

五、会员管理

1. 会员管理

管理员查看网站所有会员，按负责管理员、状态、显示方式、登录时间、过滤条件、关键词搜索，如图 11.3.26 所示。

图 11.3.26　会员管理

2. 会员等级

管理员输入会员名查看会员在网站中的会员等级，如图 11.3.27 所示。

图 11.3.27 会员等级

3. 添加会员等级

管理员在此可以添加会员的等级，如图 11.3.28 所示。

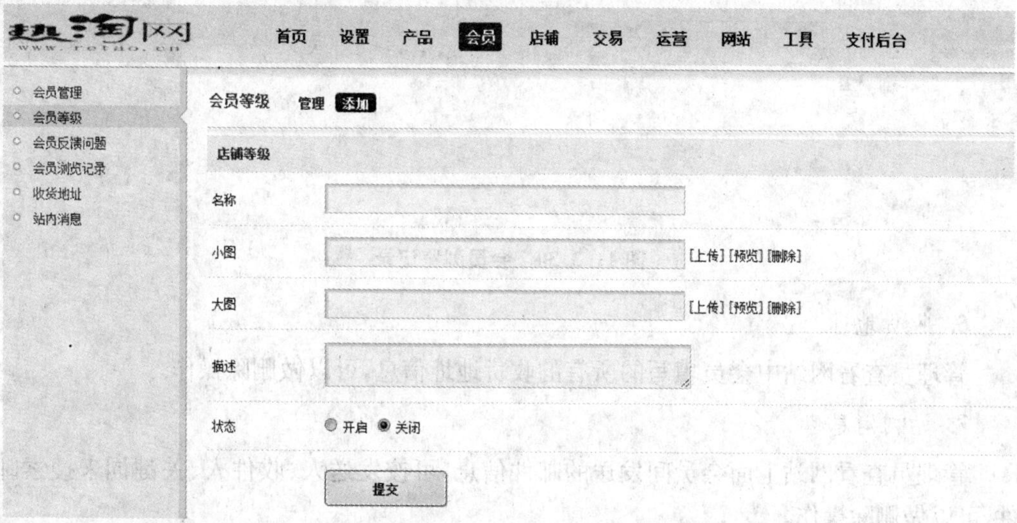

图 11.3.28 添加会员等级

4. 会员反馈问题

管理员可以查看卖家、买家通过网站提交反馈过来的问题，如图 11.3.29 所示。

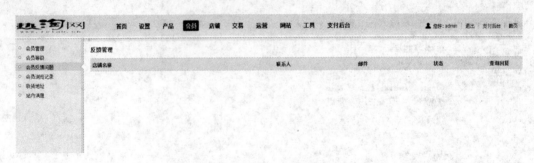

图 11.3.29　会员反馈设置

5. 会员浏览记录

管理员查看网站网页最近都有哪些被访问了,可以查看指定姓名的会员的浏览记录,也可以清空网站的浏览痕迹,如图 11.3.30 所示。

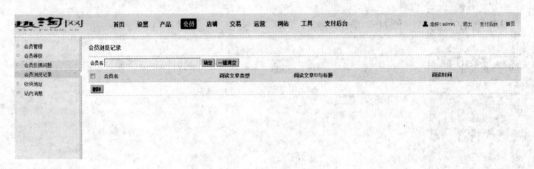

图 11.3.30　会员浏览记录

6. 收货地址

管理员查看网站中会员填写的所有的收货地址信息,可以做删除操作。

7. 站内消息

管理员查看网站上面会员间发送的邮件信息,可按发送人、收件人、关键词来搜索邮件,可以做删除操作。

六、店铺设置

1. 商铺管理

管理员可以通过会员名、会员 ID、商铺名称、店铺类型、店铺分类、所在地区任意一种或者几种来搜索出商家的店铺,随后对商铺进行操作。

如图 11.3.31 所示搜索商铺。

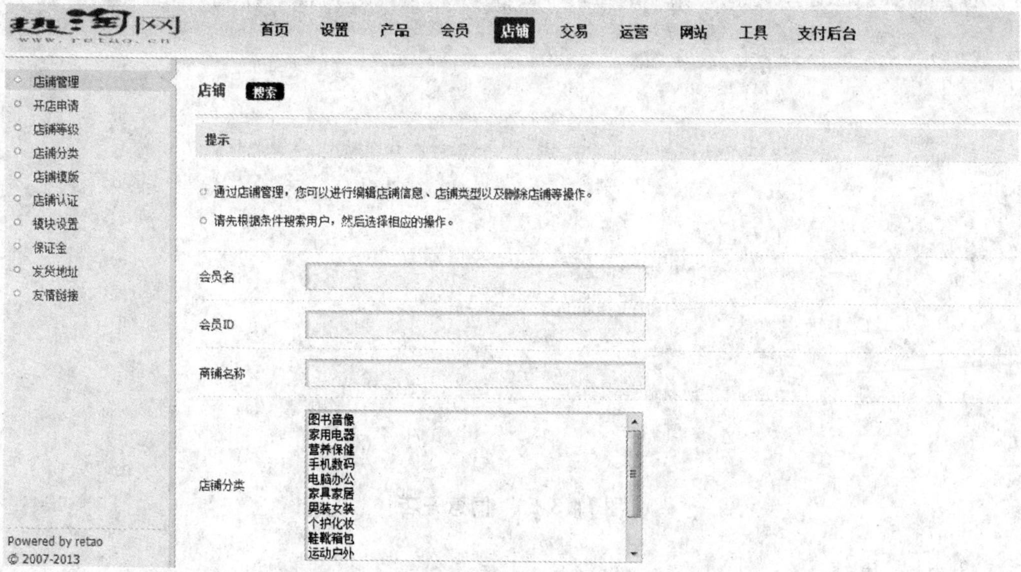

图 11.3.31 搜索店铺

2. 处理商家的开店申请

图 11.3.32 处理开店申请

如图 11.3.32 所示为处理开店申请对话框。点击编辑,进入编辑页面,如要同意开店申请,如图 11.3.33 所示选择开通商铺,默认为关闭状态。

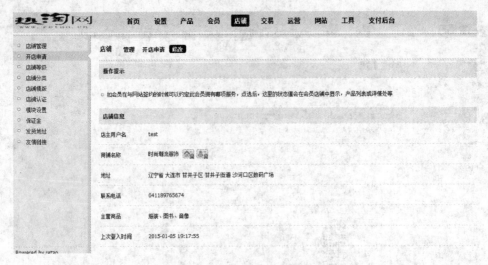

图 11.3.33 同意开店

3. 设置店铺等级

管理员可以自定义商铺等级名称、描述、收费和是否开启该级别，如图 11.3.34 所示。

图 11.3.34 店铺等级设置

4. 设置店铺分类

如图 11.3.35 所示为店铺分类对话框。

图 11.3.35 店铺分类

5. 店铺模板

管理员可以添加、删除、编辑做好的店铺模板,如图 11.3.36 所示。

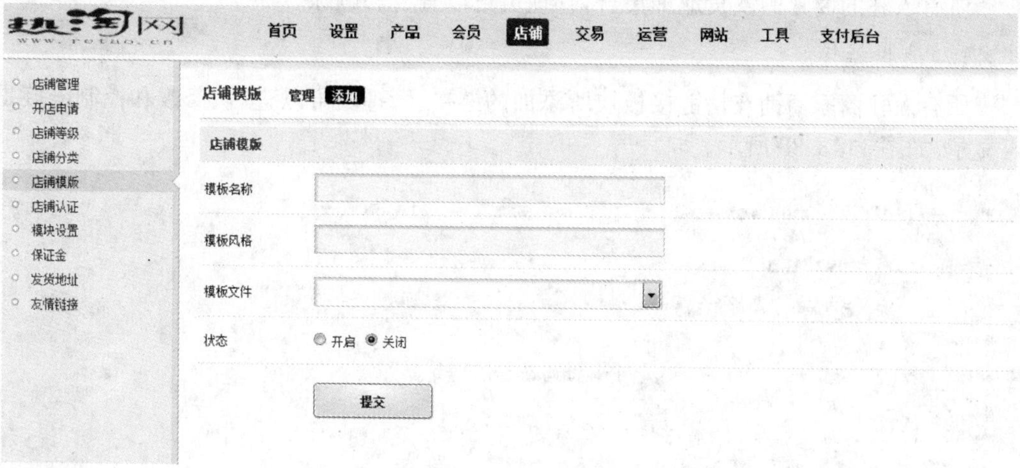

图 11.3.36　店铺模板设置

6. 店铺认证

管理员审核店铺提交过来的商铺认证和店主认证,认证方式为营业执照和身份证。如图 11.3.37 所示为店铺认证对话框。

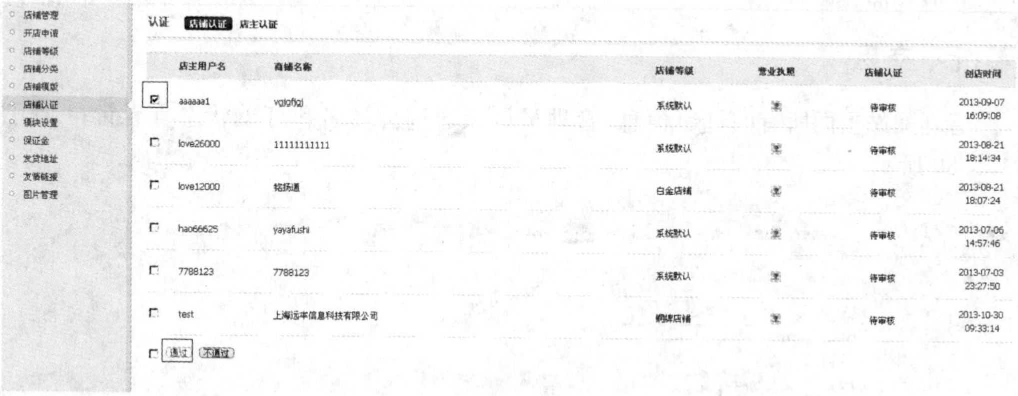

图 11.3.37　店铺认证

7. 模块设置

SEO 配置:配置店铺频道页和列表页的 title,keywords,description。

会员中心的设置:可自定义店铺信誉状态,多个属性用"|"隔开。

默认上传 logo 大小:设置店家上传店铺标志的默认大小。

前台页面:买家浏览卖家商铺列表页时,每页展示的商品数量。

8. 保证金

用户上交保证金以增加客户给本网店的信誉度,处理退款或者意外赔偿行的保证金。

管理员可以查看,修改用户上交的保证金。

9. 发货地址

所有入驻的商家的发货地址集合,管理员可以查看和删除。

10. 友情链接

所有入驻商家商铺友情链接板块所添加的链接,管理员可以查看、修改和控制链接是否显示,如图 11.3.38 所示。

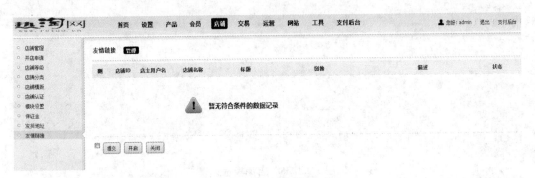

图 11.3.38 友情链接设置

11. 相册管理

所有卖家中心图片空间模块,相册照片管理,管理员可以查看、编辑、删除商家此模块下的相册和照片。

七、交易

管理网站上面所有的订单信息,管理员可以通过会员名和订单状态查看订单,如图 11.3.39 所示。

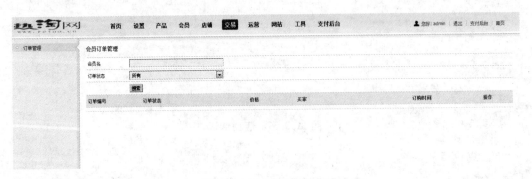

图 11.3.39 订单管理设置

八、运营管理

1. 活动管理

添加:管理员发布不同的促销活动。

管理:管理员可以对促销活动进行编辑、删除和是否开启操作。

2. 活动产品

所有产品:查看所有通过卖家中心促销活动提交过来的产品,显示参加促销活动产品的状态,审核产品是否通过,如图 11.3.40 所示。

图 11.3.40 活动产品查看

待审核产品、通过产品、未通过产品、再次申请产品:分类查看管理促销活动产品。

3. 积分商城

礼品分类:管理员可以添加、编辑、删除团购的分类信息。用户访问时可以根据分类信息筛选团购商品。

礼品管理:对参团的店家商品进行管理,是否推荐显示到团购右侧栏目,是否开启某件商品的团购。

如图 11.3.41 所示为礼品分类管理对话框。

图 11.3.41 礼品分类管理

4. 订单管理

管理团购页面产生的订单,也可以对订单进行各种操作,如图 11.3.42 所示。

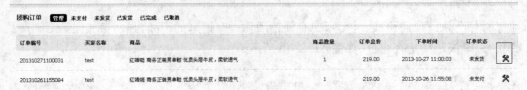

图 11.3.42　订单处理

点击操作后,如图 11.3.43 所示。

图 11.3.43　团购操作

九、网站管理

1. 友情链接

增加友情链接:管理员添加友链,如图 11.3.44 所示。

管理友情链接:管理员删除、编辑、是否开启本友链。

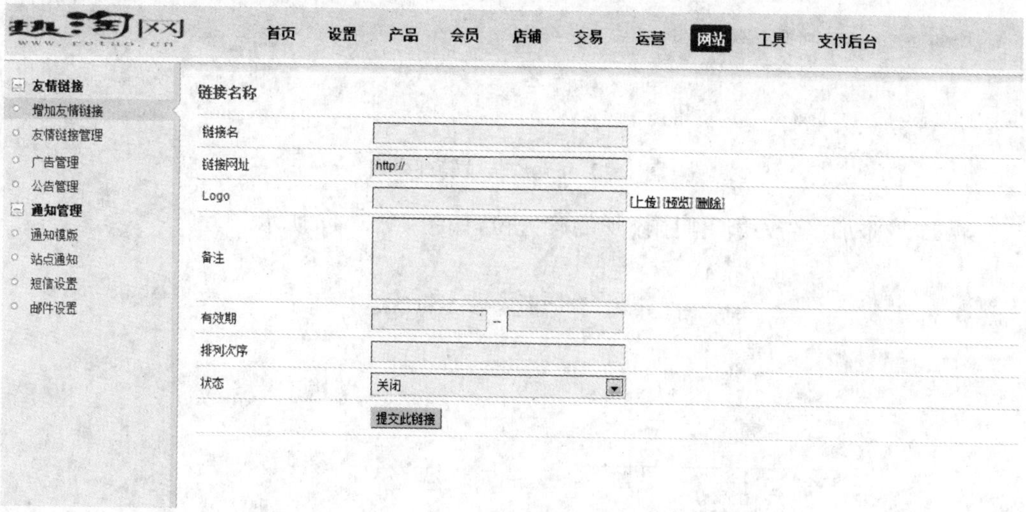

图 11.3.44   增加友情链接

2. 广告管理

添加广告的第一步是添加广告位,选择新增广告位。

选择合理的广告类型(幻灯片、文字、滚动、图片),设置广告位的尺寸、出售价格、广告数量,如图 11.3.45 所示。

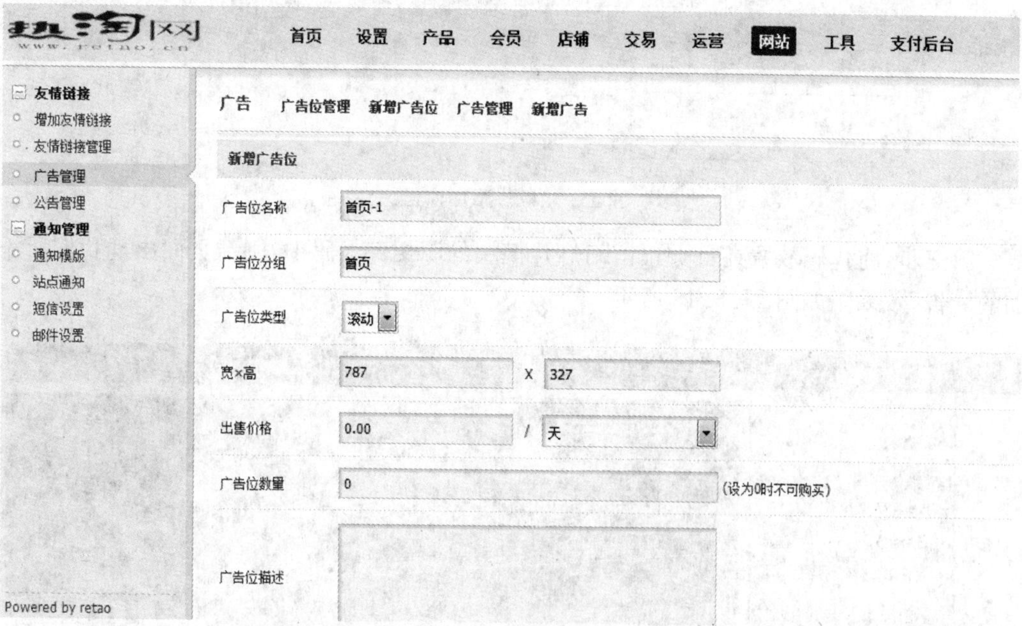

图 11.3.45   新增广告位

点击提交,自动跳转到广告位管理栏目,如图 11.3.46 所示。

图 11.3.46 广告位管理栏目

第二步：添加广告，我们刚刚添加的广告位，如图 11.3.47 所示。

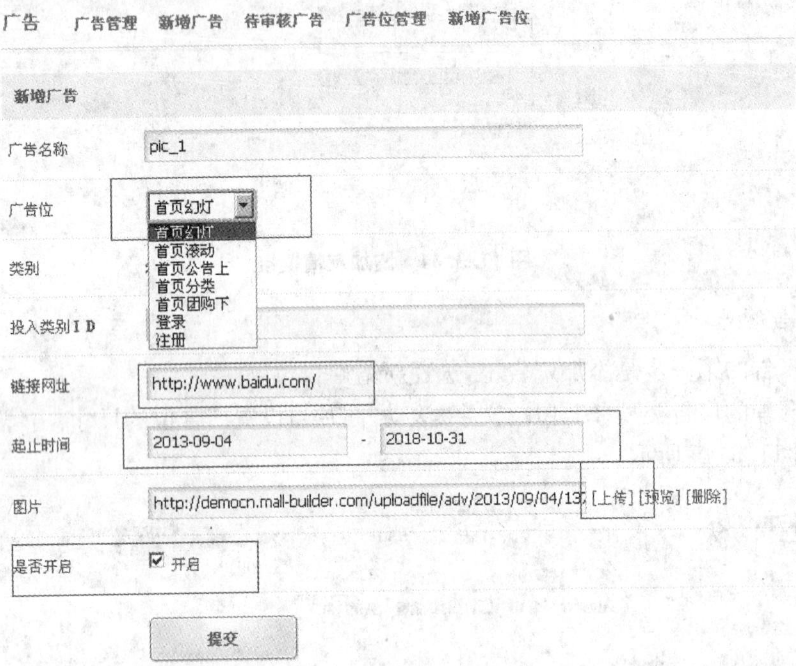

广告　广告管理　新增广告　待审核广告　广告位管理　新增广告位

新增广告

广告名称　　　pic_1

广告位　　　　首页幻灯
　　　　　　　首页幻灯
　　　　　　　首页滚动
类别　　　　　首页公告上
　　　　　　　首页分类
　　　　　　　首页团购下
投入类别ID　　登录
　　　　　　　注册

链接网址　　　http://www.baidu.com/

起止时间　　　2013-09-04　　-　　2018-10-31

图片　　　　　http://democn.mall-builder.com/uploadfile/adv/2013/09/04/13　[上传] [预览] [删除]

是否开启　　　☑ 开启

提交

图 11.3.47 添加广告

第三步：将代码放置在首页预留幻灯片模块的源文件代码中，刷新页面出现我们所添加的广告，效果图如图 11.3.48 所示。

图 11.3.48 放入代码

3. 公告管理

对应网站首页的公告模块：管理员可以增加、删除、设置排序、是否开启本条公告。

4. 通知管理

通知模板：邮件模板、站内信模板、手机模板，三大模板制作与管理，参考邮件模板编辑。

短信设置：填写手机短信账号和密码，填写之后可验证是否接入正确。

邮件设置：邮件总开关，选择开启或者关闭网站所有邮件服务。

邮件发送方式：内置 email 和 smtp 方式，smtp 需要提供 smtp 地址、邮箱、邮箱密码。

5. 网站提醒

提醒分类：设置网站提醒的项目。（一般情况下不用做修改）

网站提醒：设置提醒时的内容。

扩展任务：

小李在淘宝上开了一家女装店，由于网店的竞争力越来越大，她的店最近业绩不佳，她想提高销量，利用热淘网的后台功能，帮她的网店做些宣传，她该如何操作呢？

任务四　热淘移动客户端的使用

实训目的

通过热淘购物流程体验，了解网上交易必备的条件。感受电子商务带来的方便与快捷。

实训过程

一、登陆热淘网http://www.retao.cn，打开热淘首页，如图 11.4.1 所示，将页面移动到左上方"手机逛热淘"。点击后打开模拟界面如图 11.4.2 所示。

图 11.4.1　热淘购物网首页

11.4.2 手机逛热淘

二、根据系统动画演示操作，可以选择买家角色，在搜索框中搜索商品，立即购买（加入购物车），如何付款、收货与评价等操作流程，模拟买下一件商品。

三、选择"我是卖家"，可以体验账户注册、如何认证、申请认证（通过认证）、我要开店、发货操作、评价和提现等操作流程。如图 11.4.3 所示为"用户注册"体验过程页面，如图 11.4.4 所示为"卖家中心"体验过程页面。

图 11.4.3 "用户注册"体验过程页面

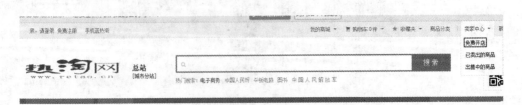

图 11.4.4 "卖家中心"体验过程页面

扩展任务:

1. 在手机热淘上注册真实的买家账户。
2. 比较热淘和其他类似网站(淘宝)的优势和劣势。

任务五　多用户商城沙盘系统模拟操作

多用户商城沙盘系统简介

多用户商城沙盘系统更贴近企业实际运营情况和运营环境。运用形象直观的沙盘教具,融入市场变数,全真模拟企业运营过程,培养学员在变化多端的经营环境里,如何面对众多竞争对手,正确制定企业的决策,达到企业战略目标的能力。同时引入多种管理工具,既有定性分析,又有定量分析,通过角色扮演和小组竞争对抗,模拟经营过程。能够同时容纳六人环绕触摸设备进行经营管理和决策讨论。

多用户商城沙盘系统与热淘商城相互打通,数据共享,通过沙盘操作流程,能在相应的 PC 端、手机端、Pad 端时时同步查看详情。

实训目的

通过实训过程的模拟,了解电子商务沙盘的操作流程,从管理思想、管理组织、管理方法等多个角度体会其中蕴含的管理理念,提升学员的系统思维能力,适应电子商务发展需求,同时帮助想要创业的学生理解创业艰辛。

实训过程

一、沙盘总体介绍及操作流程

1. 盘面区域介绍

每个沙盘允许 6 位同学同时进行模拟开店训练。如图 11.5.1 所示,沙盘共分为 7 大区域,其中 1 至 6 区域为网店的管理区域,可进行店铺管理操作,中间区域 7(浏览区)为网店效果查看区域,可查看对应操作的具体展示效果。

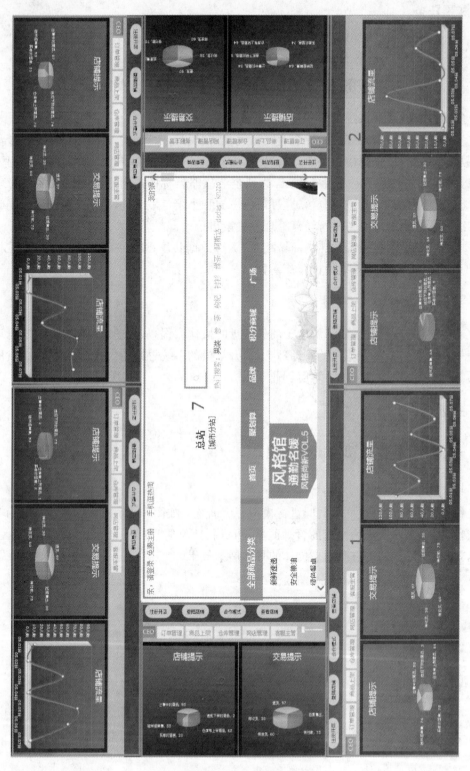

图 11.5.1　沙盘

2. 功能介绍

(1) 注册开店

如图 11.5.2 所示,填写用户账号、密码以及店铺相关信息,确认无误后点击确定,一步完成会员注册和开店操作,可同时在 PC 端、手机端、Pad 端、沙盘系统进行登录商城系统步骤查看注册效果。

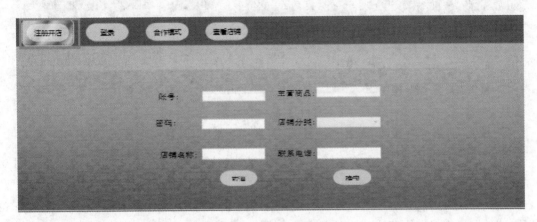

图 11.5.2　注册开店

(2) 登录店铺

如图 11.5.3 所示,使用账号、密码登录店铺,登录沙盘系统后,显示与账号相对应的商城店铺的详细数据,同时可在沙盘系统上进行店铺管理操作,实现沙盘店铺管理功能。

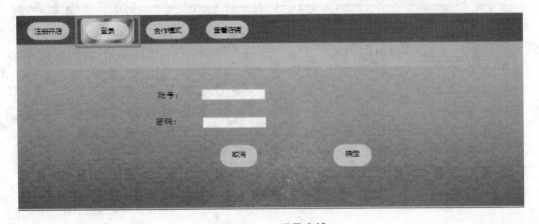

图 11.5.3　登录店铺

(3) 查看店铺

如图 11.5.4 所示,在登录模式下,点击查看店铺(非登录状态下,查看店铺不起作用),由区域 7(浏览区域)去展示店铺详情。

图 11.5.4　查看店铺

（4）角色管理

① CEO：总经理模式，浏览店铺各项数据，了解店铺当前运营状况，能有效地帮助同学做出相对应的决策修改。如图 11.5.5 所示。

店铺提示：店铺提示数据量化展示（包含出售中的商品、仓库中的商品、违规下架的商品、被举报禁止销售的商品以及买家的留言等相关店铺数据）。

交易提示：店铺交易数据分项展示（包含待发货、待收货、待付款、近期出售、退货等分类分项数据）。

店铺流量：店铺每日人气流量展示，时时动态展示店铺流量，方便店主产看推广效果。

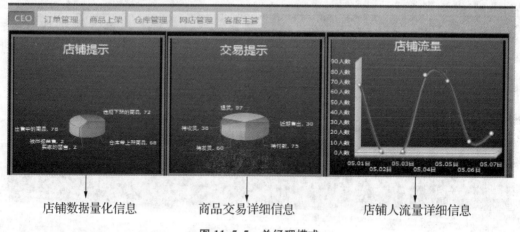

店铺数据量化信息　　　　商品交易详细信息　　　　店铺人流量详细信息

图 11.5.5　总经理模式

② 订单管理

所有订单：查看具体订单详情编号，可查看订单编号、订单商品名称、价格、数量、时间、买家等详细信息。如图 11.5.6 所示。

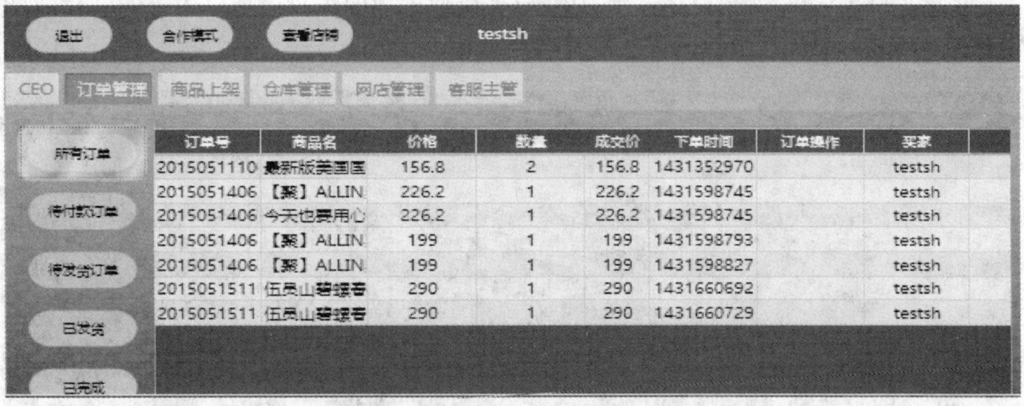

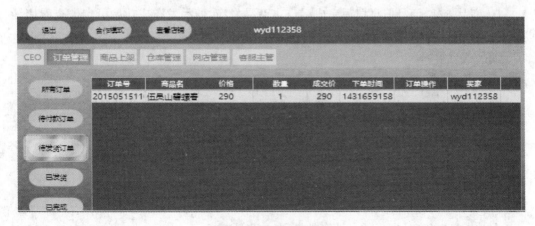

图 11.5.6　所有订单

待付款订单:展示待付款详细信息。可根据相关信息咨询用户未付款原因,了解用户具体需求,做出与之对应的运营决策修改。如图 11.5.7 所示。

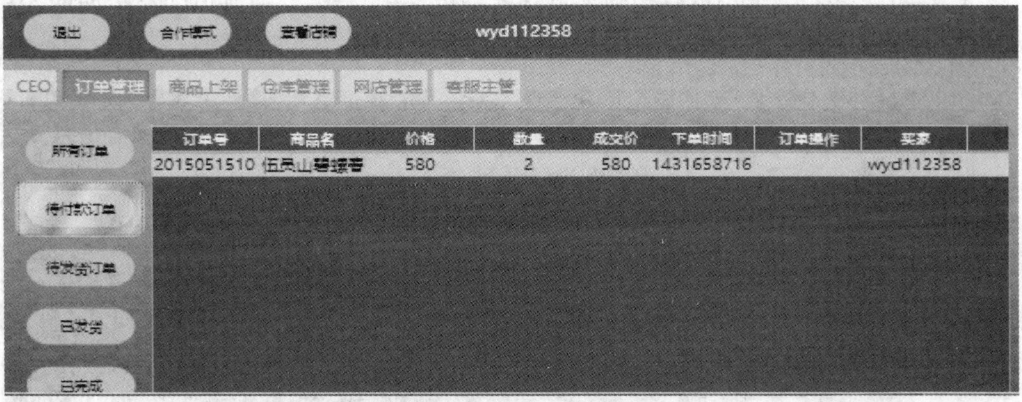

图 11.5.7　待付款订单

待发货订单:展示待发货订单详细信息,方便整理待发货信息统一发货,节省发货时间,降低物流成本。如图 11.5.8 所示。

图 11.5.8　待发货订单

已发货订单展示:展示已发货详细信息,了解店铺商品未付款被占用情况,调整店铺资金链,统筹规划资金使用。如图11.5.9所示。

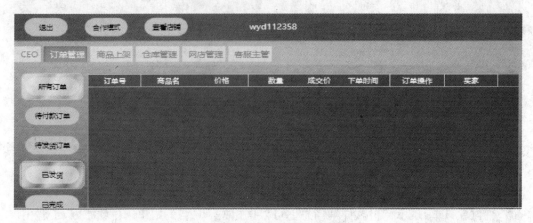

图11.5.9 已发货订单展示

已完成订单展示:展示被成功收货订单详细信息,了解资金回流情况以及商品热销度,调整相应的店铺产品比例。如图11.5.10所示。

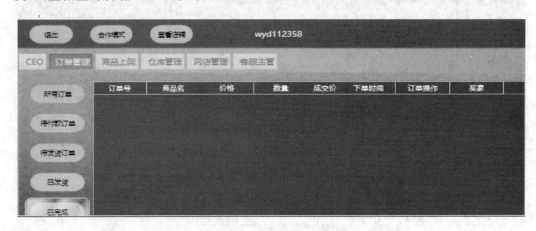

图11.5.10 已完成订单展示

③ 商品上架:商品信息填写完成后点击商品发布,商品发布成功后可点击查看店铺按钮查看新增加的商品。如图11.5.11所示。

商品信息解释:

商品类别:选择商品类目;

商品商标:填写商品商标信息,例如:李宁;

商品标题:商品显示在页面上的标题;

商品副标题:正标题的补充标题,可以填写推广介绍信息等;

关键字:为方便商品被查询,提供的关键字;

市场价:市面上该商品的价格,即参考价;

价格:在本商城中的实际价格;

有效期:选择商品在售的具体有效期限;

运费模板:根据商品类型,商品所在地区,选择相应的运费模板。

图 11.5.11　商品上架

④ 仓库管理:列出不同状态的商品库存,进行相应的管理,如删除、修改等操作。根据各种商品不同销售状态,随时进行仓库调整。如图 11.5.12 所示。

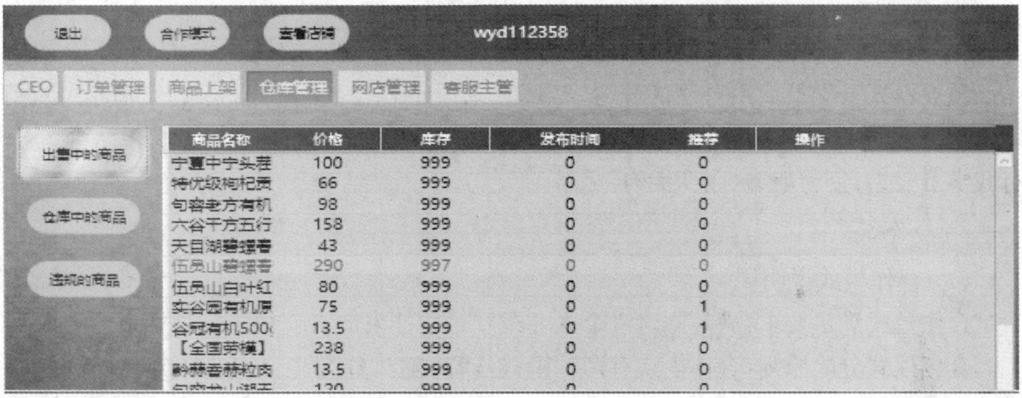

图 11.5.12　仓库管理

⑤ 网店管理:编辑店铺信息并保存配置,成功后会同步到热淘商城系统数据中。如图 11.5.13 所示。

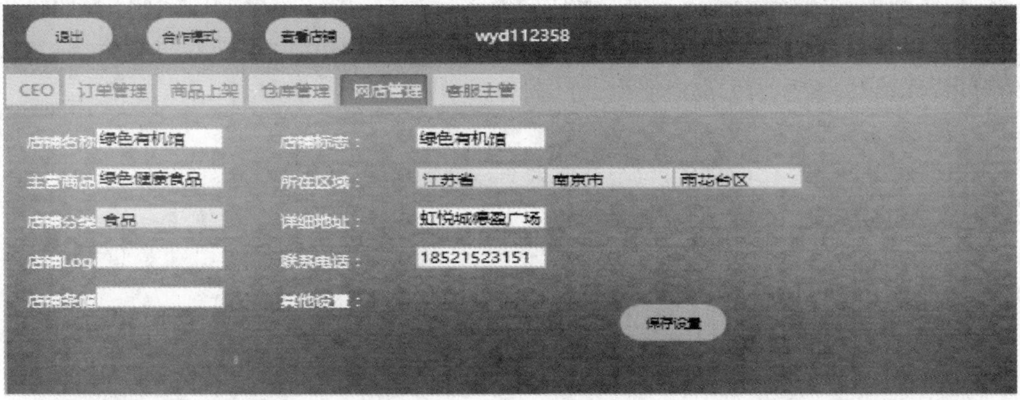

图 11.5.13　网店管理

⑥ 客服主管：主要有店铺动态评分、店铺累计信誉度以及买家评论，监控用户满意程度、意见，及时反馈给其他部门进行相应处理。如图 11.5.14 所示。

图 11.5.14 客服管理

二、操作模式

1. 独立模式

独立模式下学员使用自己的账号、密码登录属于自己的店铺独立经营商铺，立足于 CEO 角色视角，自由发挥大胆尝试，独立探索实践经营理念，将理论与实践相结合，提升自我学习能力、创新能力、应变能力。

2. 合作模式

（1）合作模式说明

合作模式满足要求：满足同时六个人在线登录才能发起合作模式。

合作模式分配原则：合作模式有两种模式选择，随机分配和自由选择分配。（可在后台自由设置）

合作原则：由发起人发起的合作模式，发起人则为 CEO，可以控制当前店铺的所有角色的功能，其他同学则变换为该 CEO 指定角色，只能操作该角色负责的功能，没有其他操作权限。

合作精神：由发起者统筹规划，针对每个学员特色，为学员分配特定角色，如订单管理、客服管理、仓库管理等，学员脱离独立模式，参与合作经营，进行团队合作，共同学习、共享经验，增强学员沟通能力、协作能力，增强团队管理理念和团队合作精神。

（2）合作模式流程

由发起者点击合作模式后，每个合作者会被分配模式。例：由 testsh 发起的合作模式如图 11.5.15 所示。

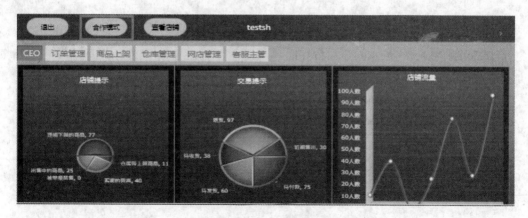

图 11.5.15　合作模式

其余合伙人在合作模式下会按照分配模式切换到被分配的角色。例：某一合作者被分配到仓库管理模式，只能编辑当前模式，没有其他角色操作权限，如图 11.5.16 所示。

商品名称	价格	库存	发布时间	推荐	操作
宁夏中宁头茬	100	999	0	0	
特优级枸杞贡	66	999	0	0	
句容老方有机	98	999	0	0	
六谷千方五行	158	999	0	0	
天目湖碧螺春	43	999	0	0	
伍员山碧螺春	290	997	0	0	
伍员山白叶红	80	999	0	0	
实谷园有机原	75	998	0	1	
谷冠有机500(	13.5	999	0	1	
【全国劳模】	238	999	0	0	
黔燕香辣粒肉	13.5	999	0	0	
句容约小湖干	120	999	0	0	

图 11.5.16　分配模式

（3）解除合作模式

由当前发起人解除合作模式，其他合作人等待发起人解除合作模式后退出合作模式，回到之前相对应的独立模式下。如图 11.5.17 所示。

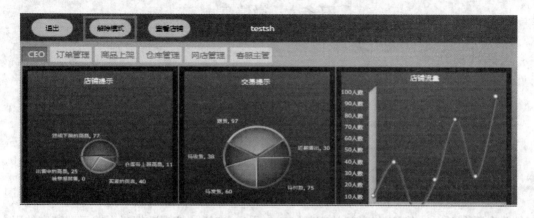

图 11.5.17　解除合作模式

三、后台操作

由指定账号登录,进入闪盘后台界面。

（1）合作模式选择

自由模式:可自由为当前用户分配指定角色。

随机模式:由系统随机为当前用户分配角色。

（2）教师评分系统

根据学生数据表现,为学生评分。

四、结束操作流程

点击退出店铺会自动保存当前操作状态,清除操作缓存,结束本次操作流程。如图 11.5.18 所示。

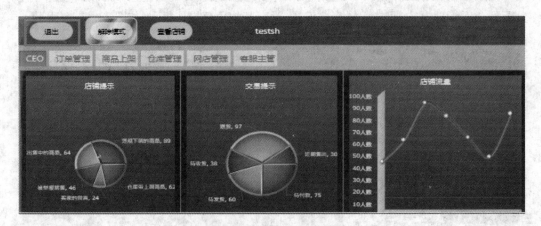

图 11.5.18　退出店铺

扩展任务:

1. 在独立模式下,进行开店的模拟训练。

2. 六人一组,在合作模式下进行店铺的管理。

任务六　微信商城

实训目的

通过对微信的了解,掌握在微信商城里开店的步骤,体验移动商务带来的优势与便利。

实训过程

一、品牌介绍

微信本来是一款手机端的社交平台,微信的第三版更新后,出现了微信 PC 端,自微信公众平台诞生,短短两年时间就突破了 6 亿用户,这样的惊人数据吸引着无数商家的眼球,庞大的人群后面隐含着巨大的商机。微信第三方平台顺势而发,推出微信电商服务产品"微信商城",助力企业开启微营销,抢占 6 亿微信市场制高点。微信异样的火爆起来,成为许多商家的一种营销方式,许多商家就开始试水微信。对企业来说,可以帮把企业的商城开到每个人的手机里。对消费者来说,可以随时随地购物。

二、微信商城的步骤

步骤一:登录微信公众平台网站,按照其要求申请一个微信服务号。将资料提交后,若所有信息均准确无误,一般在 72 小时内即可通过,特殊情况也会在 7 天内(节假日顺延)予以回复。

图 11.6.1　微信公众平台

步骤二:再注册一个微盟系统账号,可以到微盟官网注册一个微盟账号,这是微盟和微信公众号对接的平台,可在里面添加店铺和商品。

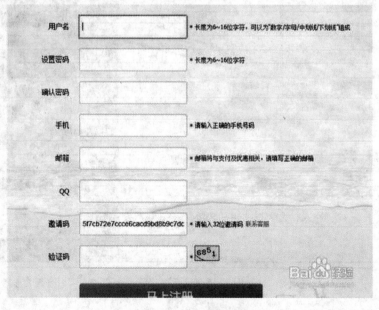

图 11.6.2　微盟账号注册

步骤三：将审核通过的微信账号在微盟系统后台进行"公众号配置"。进入微盟系统后台选择"设置"然后点击"公众号配置"，选择"自动配置"输入微信公众号登陆账号和密码，点击立即配置，即完成微盟系统和微信公众平台的对接，后续在微盟系统后台新建的店铺和商品将展现在微信中。

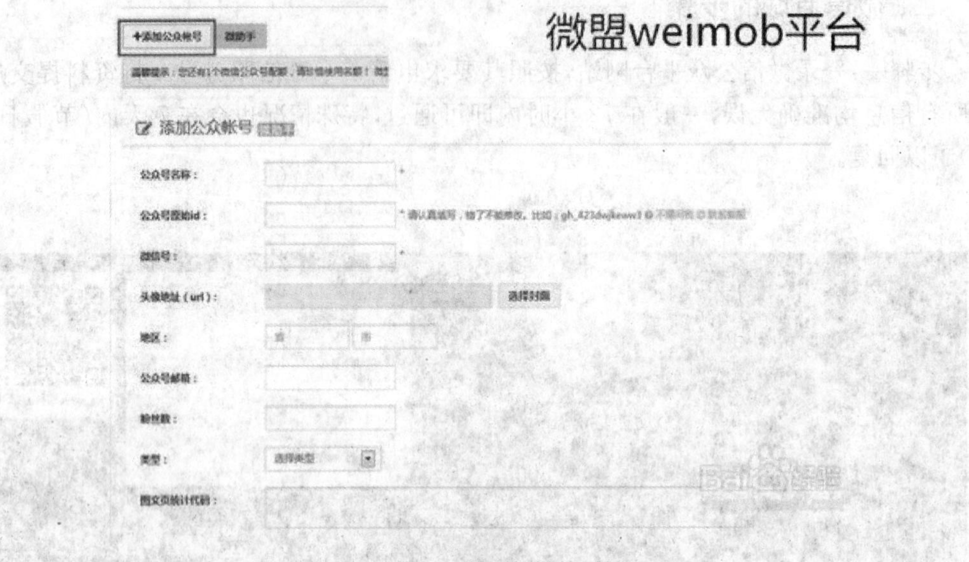

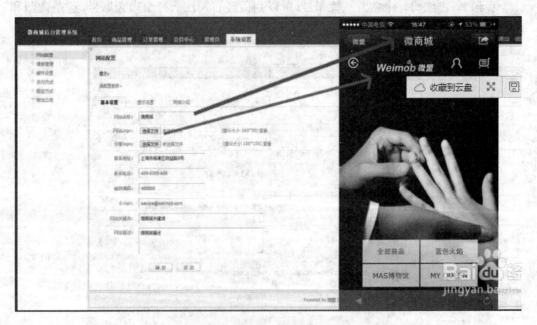

图 11.6.3 微盟与微信对接

步骤四：在微盟系统后台新建一个店铺。在后台"店铺中心——店铺管理"中点击新建店铺，填写店铺信息，以及将店铺的 LOGO 上传，保存即可完成店铺的新建。

图 11.6.4 新建店铺

步骤五:在微盟系统后台新建商品。登陆后台找到"店铺中心——商品管理"中点击新建商品,填写商品信息,以及上传商品图片,保存即可完成商品的新建。

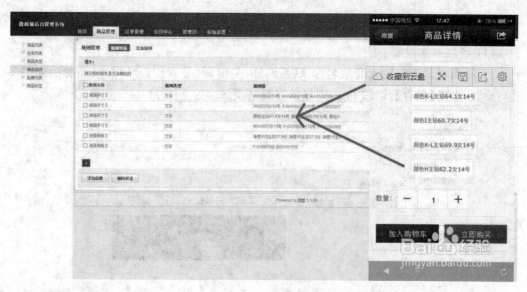

图 11.6.5　新建商品

步骤六:用微信扫描二维码或者搜索公众号查看新建店铺和新建的商品,在手机上进行下单测试,一切正常即可完成开店。

图 11.6.6　微信商城

三、微盟系统后台详细功能说明

（一）商城设置

（1）商城基本设置

打开"商城设置"，输入商城名称、联系地址、关键词（搜索）、商城描述、品牌的介绍等进行设置，点击【保存】，商城 logo 则显示在网站顶部。如下图 11.6.7 所示：

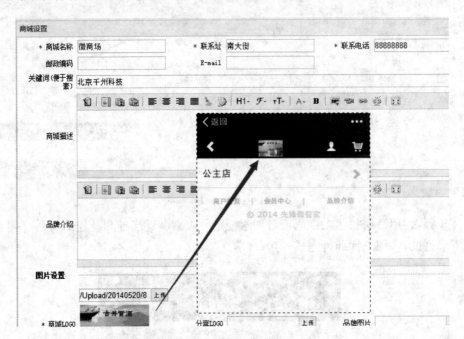

图 11.6.7　商城基本设置

（2）快递设置

打开"快递设置"，点击【添加】按钮，在"物流公司"页面下拉选择设置好的常用快递、输入名称、网址，点击【保存】。如下图 11.6.8 所示：

图 11.6.8　快递设置

（3）常用快递公司

打开"常用快递公司"，点击【添加】按钮，在"常用快递公司"页面输入编码和名称，点击【保存】。如下图 11.6.9 所示：

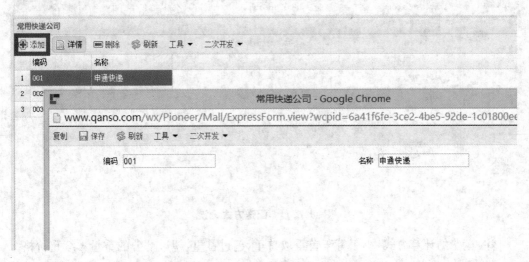

图 11.6.9　所示常用快递公司设置

（4）支付设置

打开"支付设置"，点击【添加】按钮，弹出"支付方式"页面，输入相关的数据，点击【保存】。如下图 11.6.10 所示：

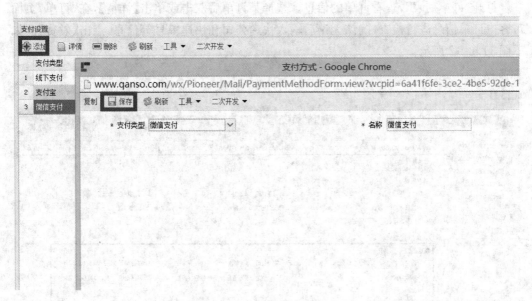

图 11.6.10　支付设置

（5）配送方式

打开"配送方式"，点击【添加】按钮，弹出"配送方式"页面输入相对应的数据，点击【保存】。如下图 11.6.11 所示：

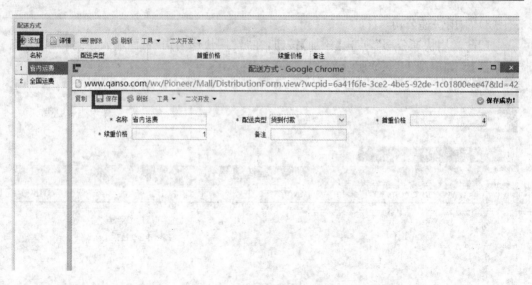

图 11.6.11　配送方式设置

注：运费的计算方式：小于等于首重取首重，超过首重，超过部分的重量＊续重价格。

（二）订单管理

（1）订单列表

订单列表是用订单信息的体现。如订单的状态、支付状态、发货状态等。

打开"订单列表"，查看订单的信息。选择某订单后双击或单击【详情】，在"订单"页面对客户订单信息进行检查，确认无误后输入快递公司和快递单号等信息，点击【发货】。如下图 11.6.12 所示：

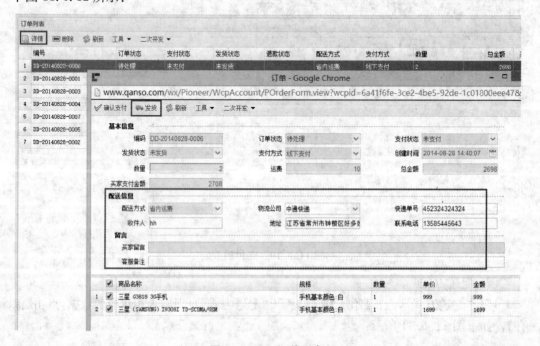

图 11.6.12　订单列表

（三）商品管理

（1）商品规则

商品规则是指商品的一些属性，例如手机的颜色、内存大小，衣服的颜色尺码。

打开"商品规则"，点击【添加】按钮，在"商品规则"页面输入商品的一些属性，点击【保存】。如下图11.6.13所示：

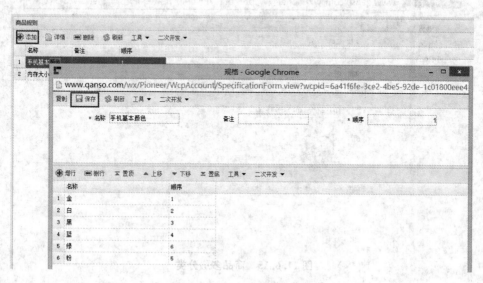

图 11.6.13　商品规则设置

（2）商品分类

打开"商品分类"，点击【添加】按钮，在"商品分类"页面输入相关的必输项，点击【保存】。如下图11.6.14所示：

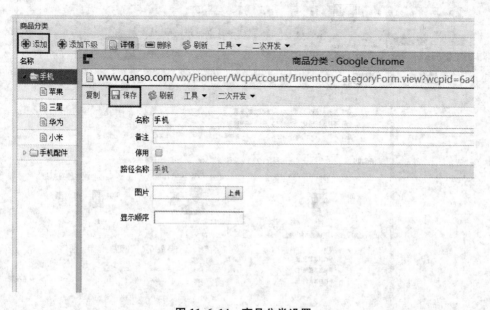

图 11.6.14　商品分类设置

支持多级分类,选择添加完成的"商品分类",点击【添加下级】,输入相关的必输项,点击【保存】。如下图 11.6.15 所示:

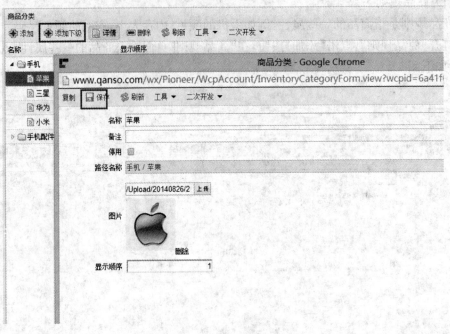

图 11.6.15 商品多级分类

(3) 商品列表

打开"商品列表",选择分类后点击【添加】按钮,弹出"商品"页面输入相应的数据,点击【保存】。如下图 11.6.16 所示:

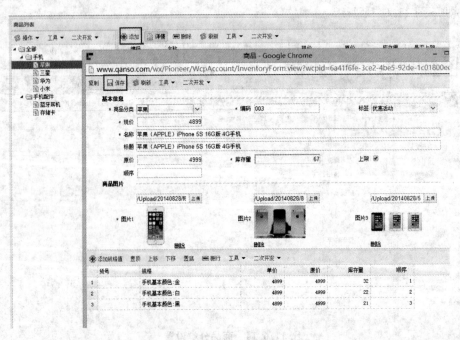

图 11.6.16 商品列表

（4）标签管理

打开"标签管理"，点击【添加】按钮，弹出"标签管理"页面，输入相应的数据，点击【保存】。如下图 11.6.17 所示：

图 11.6.17　标签管理

（四）功能使用

（1）进入"基础功能"→"素材库"→"图文回复"

【添加】图文回复，定义触发的关键字，"回复"处下拉选择建好的微商城下的"全部分类"，点击【保存】。如下图 11.6.18 所示：

图 11.6.18　图文回复

（2）用户在手机端通过对此公众号发关键词，进入"微商城"，在会员中心维护好自己的信息，选择好商品进行下单，点击【提交订单】完成购买。如下图 11.6.19 和 11.6.20 所示：

图 11.6.19　微信商城

图 11.6.20　微信商城商品

扩展任务：

1. 利用所学的知识，结合实训过程，模拟开一家属于自己的微店。

2. 扫描下图 11.6.21 所示的二维码,进入好货郎上海金山生活圈微商城,在商城中检索所需的产品、信息等,体验微信商城的便利与快捷。

图 11.6.21　好货郎二维码

自我评价与总结:

1. 什么是电子商务? 什么是移动商务? 两者之间有什么区别和联系?

2. 中国移动商务发展。

移动商务作为一种新型的电子商务方式,是对传统电子商务的有益补充和扩展。相对于传统的电子商务而言,移动商务可以真正使任何人在任何时间、任何地点得到整个网络的信息和服务。在成熟的移动商务应用的国家,人们可以通过手机了解交通工具的班次,查阅影院的放映内容和售票情况,并可以根据手机屏幕上显示的影院座位图来选择座位。股民也可以随时随地通过手机了解股市行情,进行股票交易。外出旅游的人可以通过发短信的方式预定手机服务内容,有关信息被自动输入专用监控系统后,用户就能在预定日期内收到指定目的地的天气预报。移动商务的优势首先在于它的无所不在。通过移动通讯设备,企业所提供的内容可在任何时间、任何地点到达顾客手中。移动商务创造更高效、更准确的信息互动;其次是它的便利性。移动通讯设备便于携带,为移动商务开拓了更大自由度的商务环境。可以随时随地从事公司活动,通过移动通讯设备进行交易或取得资讯;第三是移动商务的个性化。移动商务的应用能够达到个性化,呈现所需的资讯或提供所需的服务给特定的使用者。

结束语

当代交通工具日益发达,市场竞争与经济全球化使得人员流动性不断增加,人们必然产生移动通信的需求。移动商务的发展不但有利于更加充分地发挥互联网的潜力,它还提供了许多新的服务内容。所有这些因素都决定了移动商务必将迅猛发展,且前景非常诱人。

互联网的快速发展及普及极大地推进了电子商务技术的成熟与发展,信息技术为传统行业的发展提供了新的发展契机。信息产业与传统产业的结合已在很多行业中得到代表性的实践。携程网是一家以网络为依托并结合传统的业务开展,以网上订购为核心的在线旅行服务公司。而今,携程网已经成为中国领先的在线旅行服务公司,这和我国电子商务的迅猛发展分不开的。而由于拥有互联网接入功能的移动电话的出现,使得无线上网成为可能。在传统的通过有线接入 internet 网的电子商务的基础上,又兴起了一股电子商务的热潮。携程网在传统电子商务领域取得成功后,也必须结合社会的发展趋势,投身到移动电子商务的发展和扩大的潮流中去。

无线数字技术的迅猛发展又为无线移动通信和互联网的结合提供了技术基础,并在电子商务领域掀起了移动电子商务的热潮,移动电子商务正成为当今信息技术发展的重要方向。人们逐渐意识到了融合移动通信技术的电子商务将具有更大的潜力。利用"移动设备"为"移动的人"提供无时不在、无处不在"的普遍服务,这个移动电子商务服务的核心内容,也正是越来越多的客户的需求,因此,以移动技术及网络为基础的移动电子商务平台正被越来越多的行业及商家所采用。

移动电子商务还处于发展阶段,在支付安全、宽带资费等方面还有待改进,但移动电子商务降低了用户进入互联网的门槛,提供了随时随地的实时高效沟通,以及对位置精准的判断及服务。庞大的移动用户量、手机智能化的发展以及传统电子商务已经培养的用户的消费习惯等,使得移动电子商务作为新兴的商业运作模式具有不可估量的市场潜力。所以对于移动商务营销模式的相关研究是很有必要的。关于这方面的研究任重道远。

参考文献

[1] 黄伟.论移动商务应用[J].重庆邮电大学学报(社会科学版),2007,19(1).

[2] 刘瑛.移动电子商务的应用与发展趋势分析[J].江西通信科技,2013(1).

[3] 王娇,唐守廉,杨恒.移动营销活动模式研究[J].移动通信,2010,35(9).

[4] 王汝林.中国移动商务将迎来发展的春天(中国电子商务协会移动商务专家咨询委员会北京 100846)中国信息界.2010(6).

[5] 推特携亚马逊 开放标签购物.新浪.2014-05-5[引用日期 2014-18-18]

[6] 杨坚争.移动电子商务营销策略,第 2 期总第 148 期.商业经理与管理.

[7] 汪应洛.中国移动商务研究与应用的回顾与展望[J].信息系统学报,2008(3).

[8] 谢运洁,袁红.浅论高校图书馆数字资源发展趋势[期刊论文].科技视界,2013(7).

[9] 闫文轩,王金秀.基于用户信息行为的移动图书馆功能需求分析[期刊论文].情报探索,2013(10).